极简心理学系列

极简行为心理学

李泓——编著

江苏凤凰美术出版社
全国百佳图书出版单位

图书在版编目（CIP）数据

极简行为心理学 / 李泓编著. -- 南京：江苏凤凰美术出版社，2018.6
ISBN 978-7-5580-4551-6

Ⅰ. ①极… Ⅱ. ①李… Ⅲ. ①行为-心理学-通俗读物 Ⅳ. ① B848.4-49

中国版本图书馆 CIP 数据核字 (2018) 第 133257号

责任编辑　曹昌虹
封面设计　华夏视觉
责任监印　唐　虎

书　　名　极简行为心理学
编　　著　李　泓
出版发行　江苏凤凰美术出版社（南京市中央路 165 号　邮编：210009）
　　　　　北京凤凰千高原文化传播有限公司
出版社网址　http://www.jsmscbs.com.cn
印　　刷　天津午阳印刷有限公司
开　　本　710mm×1000mm　1/16
印　　张　14
版　　次　2018年 6 月第 1 版　2018 年 6 月第 1 次印刷
标准书号　ISBN 978-7-5580-4551-6
定　　价　39.80 元

营销部电话　010-64215835-801
江苏凤凰美术出版社图书凡印装错误可向承印厂调换　电话：010-64215835-801

前　言

晚清名臣曾国藩颇有识人、用人之术，他曾提拔了左宗棠、李鸿章等名臣，他提拔台湾首任巡抚刘铭传的故事更是让人称道。

曾国藩有饭后缓行三千步的习惯。有一次，李鸿章带了三个人请曾国藩任命差遣，当时曾国藩刚吃饱饭正在散步，那三人只好在一旁恭候。散步后，李鸿章请他接见那三人，曾国藩却摆摆手说不必了。李鸿章感到十分诧异，便说道："还请明示。"

曾国藩轻声说道："在散步时，那三个人我都一一看过了。第一个人低头不敢仰视，是一个忠厚的人，可以给他保守的工作做；第二个人喜欢作假，在人面前很恭敬，等我一转身，他便左顾右盼，将来必定阳奉阴违，不能任用；第三个人双目注视，始终挺立不动，他的功名，将不在你我之下，可委以重任。"果然不出曾国藩所料，第三人就是后来任台湾巡抚的刘铭传。

曾国藩缓行三千步，不过一小时左右的时间，在短短的时间里，在对方毫无知觉的情况下洞察了他们的内心。

曾国藩识人的方法叫"相人七诀"：邪正看眼鼻、真假看嘴唇、功名看气概、富贵看精神、主意看指爪、风波看脚筋，若要看条理，全在语言中。翻译过来就是，要观察人的眼睛、鼻子、嘴唇的表情变化，手、脚、身体的动作，以及说话方式、精神气度等。

通过细细品读曾国藩的"相人七诀"，我们不难发现，他用的就是今天流行的行为心理学方法。

每个人都希望成为曾国藩这样的智者，因为我们一生中总会碰到各种各样的人，有的会成为我们的贵人，能够助我们登上事业的顶峰；有的会成为我们的知己，遇到困难时给我们鼓励和帮助；有的会成为我们的恋人、家人，陪伴我们度过无数风风雨雨。但是，也有的会成为我们生命中的“小人”，处处与我们为敌。

如何准确识别这些人，又该如何与他们有效沟通，成为摆在每个人面前的、不可回避的问题。为了帮助大家，特别是刚踏入社会不久的年轻人，我们出版了《极简行为心理学》。

本书分为识人篇、社交篇、职场篇、家庭篇四大部分。识人篇的主要内容是如何通过观察一个人的身体行为、面部表情、日常习惯，看透一个人；社交篇的主要内容是如何看懂对方的真实意图，并迅速识破对方的谎言，避免掉进人际交往的陷阱；职场篇的主要内容是如何与上司、平级同事、下属、客户进行心理博弈，做出好业绩；家庭篇的主要内容是如何判断恋人是真心爱你还是逢场作戏，如何及时发现和应对夫妻之间的行为和心理变化。

本书没有高深莫测的心理学理论，却有丰富的事例、通俗易懂的分析，以及可操作性强的方法。为了让心理学方法更直观，提高大家学习方法的效率，书中还有十多幅生动的插图。希望大家都能够通过书中简单而有效的方法，在社交、职场、婚恋中如鱼得水、游刃有余，轻松应对人际关系，跟对人、用对人、说对话、办对事。

目录 contents

第二部分　社交行为心理学——跟任何人都聊得来、处得好

每个人都有自己的性格特点，都带着不同的目的，为达到自己的目的，有些人还蓄意撒谎。要想躲开人际沟通的陷阱，跟别人聊得来又处得好，就不得不学会破译种种行为的心理密码。

要获得公司的信任和重用，完成出色的业绩，上升为中高层管理人员甚至进入公司核心决策层，就不得不去揣摩上司、同事、下属、客户每一个人的心思，把话说对，把事办妥。

幸福的婚姻靠经营。要获得甜蜜的爱情、牢靠的亲情，就要懂点男女之间的行为心理学，了解对方一举一动之间的心理变化，及时给对方贴心的呵护，并及时填补好感情的缝隙。

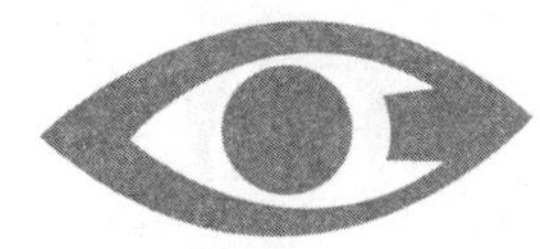

第一部分　识人行为心理学

——读懂他人行为背后隐藏的秘密

一、洞察肢体语言行为，看人准到骨子里

嘴巴会撒谎，
但肢体语言不会。
一个人的内心活动再怎么掩饰，
也会通过面部表情泄露出来。
一个人有什么样的秉性、对你是敌是友，
也可以通过观察他的手势、
体态等身体行为辨别出来。

喜欢双手叉腰的人攻击性强

双手叉腰的人，已经做好防御，并准备进攻

“凭什么怀疑我？你有什么证据吗？请你说话放尊重点！”孙宏双手叉腰、头部微微向上扬，冲着对面的同事徐汇吼道。

徐汇见到孙宏这架势，知道他被激怒了，赶紧解释道：“你别误会，我不是那个意思，我只是……”

“好了，别解释了，解释就是掩饰，你什么意思我还不知道，就你那点小心思，我早看透了。别太把自己当回事，我可从来没怕过你，对我有什么不满你尽管放马过来！”孙宏见徐汇怕自己，趁势放出狠话，想震慑一下他。

“嗨，你还越说越带劲、越扯越远了啊，这是干吗啊？是要干仗吗？”

说着，徐汇不知不觉地把一只手叉在腰上，另一只手指着孙宏。

在这个事例中，两个人都双手叉腰，准备大吵一架。在吵架的场合，双手叉腰的动作很常见，这是一个世界通用的身体姿势，它传递出来的是随时准备发起攻击的信号。

从生理的角度来讲，两手叉腰可以扩大自己的身体空间。同时，双手向外突出，就像屋脊一样，可以防止别人靠近或穿行于自己的领地，起到震慑人心的作用。

当你与客户交谈时，如果见到客户双手叉腰，那就要小心了，想一想，自己是不是说错了话，惹对方生气了，抑或是对方不欢迎你的到来。如果你不反思这些问题，还一如既往地高谈阔论，就会进一步遭到客户的反感，这样只会让客户拒你于千里之外。

虽然双手叉腰的动作看似很强势，但很多时候，做出这个动作的人，只是在试探对方，想掂量掂量对方的分量，并不会真的产生面对面的冲突。

而且，如果两手叉腰的同时，两腿显得非常轻松，自然地站立，反而是一种友好的表示。另外，男人在女人面前做出双手叉腰的姿势，是为了显示自己的自信和男子汉气概。

在观察双手叉腰这个动作时，我们还应注意观察当事人的其他身体姿态，充分结合起来加以分析。

（1）两手叉腰，双脚分开略比肩宽而站立

这个动作让当事人的整个身体显得膨胀，表现出一种霸气和自信，是心理上有优势的信号。做出这个动作的人，往往存在潜在的攻击性。如果再加上脚尖拍打地面的动作，则暗示着领导力和权威。

（2）两手叉腰，外套的扣子松开，顺势把外套的下摆带到臀部

这个动作带有明显的挑衅意味，当事人故意把胸脯露出来给对方看，表明他毫不畏惧对方。相反，两手叉腰时，如果外套是紧紧扣着的，则表明当事人有点畏惧对方，但为什么又要强装出攻击性呢？很简单，他不想让对方知道自己怕了。

当然，外套的扣子是松开的还是紧扣着的，与当事人所处的环境、天气、温度等也有关系，因此，不能绝对地根据外套的扣子是开着的还是扣着的来武断地看人。

（3）双手变双拳，叉在腰部，两脚均匀地分开，挺拔站立

这个动作传递出来的攻击气息比双手叉腰更加强烈。

（4）单手叉腰，另一只手指人

这个动作代表不满、愤怒，有时候也是挑衅的味道。做出这个动作的人，通常在心理上占据强势地位，对于对面的人毫不畏惧。

（5）双手放在臀部，双肘从身体两侧突出来

这个动作传递的意思是“离我远点儿”或“别跟我待在一起”，人类学家戴思蒙德·毛里斯称这个动作是一种“拒绝拥抱的姿势”。这个姿势与双手交叉一样，也是为了防止他人接近自己，侵犯自己的领地。

喜欢做尖塔手势的人充满自信

做出尖塔式手势的人，对自己充满自信

在某次中国象棋比赛中，轮到黑方选手时，黑方选手经过思考，将右手伸向“马”上，准备退守。这时，他发现红方选手略有些轻松地向后靠在了椅背上，同时做出了尖塔形的手势。黑方选手注意到对手这个动作后，马上收回即将触动“马”的手指，然后，用事先想好的另一招——改走“车”进攻。

这时，黑方选手发现红方选手立刻换了姿势，做出双手紧握的动作。见此状况，黑方选手心里有底了，他知道红方选手忌惮自己这一步棋，接下来应该抓住机会，大举进攻，拿下比赛。

为什么黑方选手见到红方选手做出尖塔手势后，马上改变策略了呢？

所谓尖塔手势，就是将两手的指尖对指尖合在一起，而手掌之间却留出较大的空间，形成“教堂塔尖”的样子。这个动作表示当事人非常自信，甚至有些沾沾自喜，它也是权威、自豪或自负的信号。

通常，自信的人在与人交谈时，喜欢做出尖塔手势。行业专家、职场精英或专栏作家在解释一个结论，或阐述一个问题时，经常会做出尖塔手势。这表明他们对自己的想法、观点很有把握。

在做尖塔手势时，若再配上自信的表情和身体后仰的姿态，则显得当事人高傲，这种动作常见于西方国家。

伊拉克前总统萨达姆在特别法庭上露面的情景，曾被英国广播公司报道过。整个过程只有 30 分钟，却足以让肢体语言专家有机会充分评估萨达姆的一举一动。美国亚特兰大心理学专家帕蒂·沃德称，萨达姆的肢体语言证实他的内心已经崩溃，尽管表面上他仍做出挑衅和反抗的动作。其中萨达姆就做出过尖塔手势，这是他最初自信时的表现，是一个拥有权力的人希望获得自主控制权的表现。

通过观察我们发现，尖塔手势经常出现于比较正式的场合。比如，会议主持人在主持会议时、领导者与下级谈话时、教师上课时等，通过这个动作可以展示自信、独断，以起到震慑听众的作用。

从事会计、律师以及管理工作的人，对尖塔手势更是情有独钟。自信的高层管理人士经常会使用尖塔手势，以体现自己的身份，表达自信的气场。他们对自己的观点很有信心，有时候还会把这个手势变成双手合十的祈祷手势，试图让自己看起来就像万能的上帝。

总体来说，尖塔形手势分为两种。

第一种是举起的尖塔手势。通常人在发表自己观点的时候，会使用该手势。如果再配上头部微微后仰的动作，则很容易给人留下傲慢自大的印象。

第二种是放下的尖塔手势。通常人在聆听别人的观点和谈话时，会使用该手势。而且相比于男性，女性更偏爱使用放下的尖塔手势。

绝大多数时候，尖塔形手势是一种正面的、自信的、强势的肢体信号。

例如，当你向别人陈述观点时，对方先做出一些表示肯定你观点的手势，如摊开手掌、身体前倾、点头等，然后又做出了尖塔手势。那么，你大可放心，对方已经接受你的观点了。

但是，尖塔手势同样可以用于消极、否定的情境之中，而且很容易被人错误解读。比如，你在陈述自己的观点时，对方接连做出一些否定性的手势或动作，如交叉双臂、跷起二郎腿，视线转移、用手托住腮帮等，然后又摆出了尖塔手势。那么，这表示他接下来很有可能对你说“不”。

在以上两种情况中，尖塔形手势的含义是相同的，都代表信心。然而，对象却不同。前者是对你的观点有信心，后者是对自己的观点有信心，所以，他接下来才敢反驳你。所以，判断一个人的尖塔手势代表什么含义时，要结合该手势之前的动作和细节来分析，这样才能避免错误的判断。

眼神闪烁不定的人，心里在想什么

美国作家爱默生曾说过：“人的眼睛和舌头所说的话一样多，不需要字典，却能从眼睛的语言中了解整个世界。”千百年来，人们对眼睛的描述不绝于耳。比如，“眼睛是心灵的窗口”“眼神是心灵的密码”。

透过眼神的变化，可以洞悉人的内心世界。一个人在想什么，你看一看他的眼神微反应就能知道个大概。

现在，就让我们来看一看眼神的不同变化所反映出来的人的内心情感吧。

（1）眼神看向远方，或飘忽不定

在交往中，如果你发现对方眼睛不是看着你，而是看向远方，或飘忽不定，那表示他对你的谈话不太关心，或正在考虑别的事情。比如，你和女朋友交往中，发现她总是不看你，而是注视着别的地方，肢体上和你也不亲密，那表明她对你们的感情没有信心，或内心并不喜欢你，甚至心里另有对象。出现这种情况时，你不妨试探地问：“你有心事吗？不妨说出来，我们聊一聊！”

当然，下属与上司沟通时，特别是与威严的上司沟通时，通常不敢正视上司的眼睛。这并不代表下属不重视与上司的谈话内容，也不代表下属在考虑其他事情。而是因为上司的威严，让下属感到惧怕和紧张，所以不敢正视上司。

（2）目光斜视，嘴角含笑

目光斜视，不正眼看人，同时嘴角含笑，这是拒绝、轻蔑、不重视、不屑一顾的意味。当然，它还表示好奇、感兴趣，但是又不好意思。那么，怎么区分这两种不同的含义呢？关键要看笑的微反应。

比如，面对竞争对手或比赛对手时，一方斜视另一方，嘴角略微上扬，眼睛略微收缩，这就代表蔑视，潜台词是“我看你不爽”“我看不起你”“就凭你，还想跟我竞争？太不自量力了！”

再如，男女初次见面，女方面对一位不熟悉的男士，不敢正眼看对方，只敢偷偷地瞄几眼，或者斜视对方。如果同时还有嘴角上扬、双眼微眯、面带羞涩、用手捂嘴等微反应，那说明女方对男方感兴趣，只是因为双方不太熟悉，所以不好意思正眼看对方。遇到这种情况，男方就应该主动一点、坦诚一点，热情地和对方攀谈，让对方放松下来，彼此互相了解。

（3）眼睛眨动

眨眼是一个系列动作，包括连续眨眼、超级大眨眼、睫毛振动等。

连续眨眼通常发生于快要哭的时候，代表当事人在极力抑制自己的情绪。

超级大眨眼一般眨眼的速度较慢，幅度却很大，显得夸张。当事人好像在说：“我简直不敢相信自己的眼睛，所以，大眨一下，擦亮眼睛，以确定我看到的事实。”

睫毛振动时，眼睛和连续眨眼一样快速开闭，是一种故意卖弄的夸张动作，仿佛在说：“你可不准骗我哦！”多见于情侣、夫妻、亲人之间。

在交谈中，对方突然增加了眨眼的频率，说明他在向你暗示什么，可能是暗示你要对某些谈话内容保密；脸部朝下，并且快速眨眼睛，代表他在强忍泪水，这时你最好表示安慰和关切；低频率地眨眼睛，同时眨的幅度很大，代表他正在思考问题，对当前收到的信息持有怀疑态度；面对某个物件过于频繁地眨眼，排除眼部疾病、眼部干涩等原因，说明对方正在酝酿什么主意，你应该做好防备。

（4）挤眼睛

挤眼睛是用一只眼，向对方使眼色，表达某种默契。这个微表情传达的信息是：“我们共同拥有的秘密，别人无从得知。”

在一群人中，如果某两个人相互挤眼睛，表示他们有什么秘密，或对某个观点有共同的看法。两个陌生人之间挤眼睛，尤其是异性之间，那则有强烈挑逗的意味。

要注意的是，由于挤眼睛表达的是两人之间的默契，一旦被第三者察觉，很容易让他感到被疏远。因此，不管是在什么场合，挤眼睛这个动作都要少做，否则，会让人感到不礼貌，容易引起第三者的不悦和反感。

（5）眼神闪烁

当一个人眼神闪烁时，表明他内心正在担忧什么，但又无法坦白地说出来。为什么无法坦白地说出来？可能你不是他要倾诉的人，或者你们之间的关系，不适合他讲出内心的担忧。当然，你可以主动询问对方，以表示关心，看能不能让他对你说出自己的担忧。

（6）盯着看

长时间盯着别人看，并且上睫毛极力往上压，表明当事人感到震惊与愤怒。如果一个善于伪装的人做错了事时做出这个动作，说明他在假装无辜，想博得同情和原谅。

（7）眼睛上吊

这种眼神背后藏着不可告人的秘密，喜欢做出这种眼神的人，往往性格消极，不敢正视对方。在交往中，对于那些经常做出眼睛上吊动作的人，要格外小心，因为这类人通常精明圆滑，城府很深，善用阴谋诡计，甚至会为了自己的利益而歪曲事实。

（8）眼睛下垂

眼睛下垂给人一种居高临下的压迫感，做这个动作的人是在向他人表达轻蔑之意，还可能表示不关心对方，不在意对方。经常做出这种动作的人，通常个性都比较冷静，能够控制好自己的情绪，他们有强烈的自我意识，一旦认准了某件事，往往不会妥协。

以上是一些常见的眼神，要想破解眼神背后隐藏的内心秘密，应该将当事人眼神注视的时间、注视的部位、注视的方式三方面结合起来。同时，还要注意观察当事人的其他肢体语言和身体姿态，这样才能更准确地洞悉人的内心动向。

读懂眉毛变化背后的心理玄机

王好在一家公司任财务部经理，他总是对自己做假账抱有“侥幸”心理。这天，王好像往常一样，拿着一叠厚厚的账务报表去向董事长汇报这一个月的工作。他走进办公室时，敲了敲门，发现董事长正忙着批阅文件。

董事长看了他一眼，便示意他进来。王好轻手轻脚地推开门，迈进了董事长办公室，并坐在旁边的沙发上，不由自主地翻了翻自己手里的报表。

董事长斜着眼睛看了他一眼，继续批阅文件，什么也没说。过了好一会儿，董事长合上文件夹说道：“把你的报表拿来吧！”

王好立即递上文件，然后毕恭毕敬地站在旁边。

“公司这个月进账多少？”董事长低着头翻了翻文件，头也不抬地问道。

“一百五十万左右。”王好声音很洪亮，但回答得不是很确切。

听到王好的回答，董事长不由自主地抬高了右边眉毛。不过，他很快又恢复了常态，并用十分平静的语气问道：“哦，那这个月公司支出多少？”

王好虽然注意到董事长那抬高的右眉，但他并没有太在意。这次也不例外，依然大声地回答道：“一百万左右，员工的工资五十多万，进货三十多万……”他一一细数下来。

董事长听到王好的回答，又不由得抬高了右边眉毛，但依然面不改色地说道：“嗯，不错！继续努力！希望下个月再创佳绩。”

王好满心欢喜，便乐滋滋地回到了自己的办公室。然而，让他没想到的是，第二天上班，他却接到了被辞退的通知。

眼睛是心灵的窗户。而在人的脸上，离眼睛最近、关系最密切的非眉毛莫属。因此，有人巧妙地将眉毛称为“心灵的窗框”。眼睛可以“传情”，眉毛同样也可以表达一个人的心声。随着人们心情的变化，眉毛的形态也会紧锁，或舒展，随之发生变化。

因此，在现实生活中，如果我们注意观察，就能看到眉毛因为感情的波动而产生的变化。比如，当一个人心平气和时，眉毛基本上呈水平状；当一个人高兴时，会因为心情愉悦而双眉上扬；当一个人烦躁时，眉毛就会皱在一起……

眉毛虽然只是眼睛的附属，有些人的眉毛甚至变化不是很明显，但是和眼睛一样，作用很大，它的一静一动，都会在无形中透露说话人的心境。如果我们能结合眼睛一起来观察，则更能准确判断出他人的心境。

事例中的王好要是正确解读了董事长抬高右眉的含义，早些发现董事长已经怀疑自己了，及时地纠正自己的行为，也许就能逃过被辞退的命运。那么眉毛能传达哪些情意呢？我们一起来看看：

（1）皱眉

皱眉的情形包括防御性与侵略性两种。防御性的皱眉只是保护眼睛免受外来的伤害，但是光皱眉还不行，还需将眼睛下面的面颊往上挤，眼睛仍会睁开注意外界动静。这种上下挤压的形式，是面临外界攻击、突遇强光照射、强烈情绪反应时典型的退避反应。

至于侵略性的皱眉，其基点仍是出于防御，是担心自己侵略性的情绪会激起对方的反击，与自卫有关。真正侵略性眼光应该是瞪眼直视、毫不皱眉的。最常见的皱眉，往往被理解为厌烦、反感、不同意等情形。

（2）扬眉

当一个人双眉上扬时，表示非常欣喜或极度惊讶。单眉上扬时，表示对别人所说的话、所做的事不理解或有疑问。

（3）眉毛闪动

眉毛闪动，是指眉毛先上扬，然后再瞬间下降，像流星划过天际，动作敏捷。眉毛闪动的动作，是全世界人类通用的表示欢迎的信号，是一种友善的行为。

除此以外，眉毛闪动如果出现在对话里，则表示加强语气。每当说话者要强调某一个词语时，眉毛就会很自然地扬起并瞬间落下。

（4）耸眉

耸眉指眉毛先扬起，停留片刻，然后再下降。耸眉与眉毛闪动的区别就在那片刻的停留。耸眉还经常伴随着嘴角迅速而短暂地往下一撇，脸的其他部位没有任何动作。

耸眉所牵动的嘴形是忧伤的，有时它表示的是一种不愉快的惊奇，有时它表示的是一种无可奈何的样子。此外，人们在热烈地谈话时，会做一些小动作来强调他所说的话，当他讲到重要处时，也会不断地耸眉。

（5）眉毛斜挑

斜挑是两条眉毛中的一条向下降低，一条向上扬起，这种无声语言，较多在成年男子脸上看到。眉毛斜挑所传达的信息介于扬眉与皱眉之间，半边脸显得激昂，半边脸显得恐惧。扬起的那条眉毛就像提出了一个问号，反映了眉毛斜挑者那种怀疑的心理。

（6）眉毛舒展

眉毛舒展的人心情比较愉悦坦然，这个时候比较适合提要求，比平时更容易答应别人的要求。

（7）眉毛倒竖

通常将眉毛倒竖起来，说明此人的愤怒已经到了极点，接下来可能发生的是一阵狂风暴雨似的脾气爆发。正在发脾气的人，也常常会将眉毛竖起来。

（8）眉毛紧锁

当一个人极度苦闷，又找不到正确的方式排遣时，就会紧锁眉头，露出一副愁容。另外，内心极度忧虑、遇事犹豫不决的时候，也会紧锁眉头。这时，如果我们能主动关心对方，或者给出一些正确的建议，则如同雪中送炭，将获得宝贵的情谊。

嘴巴不说话，你也能知道他的秘密

吃东西离不开嘴巴，与人交流不能少了嘴巴。嘴巴在长期的运动中，使它和周围的肌肉变得异常发达，这也让嘴巴的微反应成为看穿人心的突破口。

嘴巴一张一合、向前向后、向上向下、抿紧或放松等基本动作，在无形之中就成了丰富多彩的心理暗示。因此，观察脸部表情时，绝不能忽视嘴部反应。

常见的嘴部反应很好解读。比如，嘴巴突然张大，表示当事人处于极度震惊或诧异之中；嘴巴无意识地微张，表示当事人正专注于某件事。再如，打哈欠表示犯困和无聊，咬指甲表示紧张、不安和焦虑。

还有一些嘴部反应非常迅速，幅度很小，以至于很多人容易将其忽视。下面，我们就来说说这些嘴部微反应，看看它们传达了怎样的心理信息。

（1）咬嘴唇

是释放压力的一种方式。当人们心中有愤怒或怨恨，又无处发泄时，就会通过咬嘴唇来缓解内心的不满和紧张。在交谈时，如果你发现对方用牙齿咬住下嘴唇或上嘴唇，或者双唇紧闭，说明他正在用心听你讲话，也可能是在内心仔细地分析你所说的话，还可能是在认真地反省自己。

（2）舔嘴唇

当人们感到不自在或紧张时，会反复地舔嘴唇，以此安慰自己，从而让自己尽快镇定下来。在交谈中，如果你发现对方有这种嘴部反应，说明你们谈论的话题让他感到不自在了。

（3）噘嘴

表示当事人心存不满情绪或生气，也表示不同意对方的观点。另外，女性撒娇时，经常做这个动作。

（4）嘴角上扬

表示善意、礼貌、喜悦。在人际交往中，这种嘴部反应能让人感到你的真诚和善意。

（5）撇嘴

表达一种负面情绪，与嘴角上扬表示喜悦相反。当人感到悲伤、绝望、愤怒或不屑时，往往会出现撇嘴动作。

（6）抿嘴

当人们面临压力时，一种常见的反应是藏起或拉紧自己的嘴唇。嘴唇紧抿是自我抑制的表现，就好像是大脑在告诉我们“紧闭嘴巴，不要让任何东西进入身体里”。

（7）嘴唇两端稍稍向后

表示对方对你的言谈很感兴趣，正在集中精力听。

（8）嘟嘴

表示当事人想要变防御为攻击，或试图发言。

（9）嘴唇向前突

表示当事人的内心处于某种防御状态。

（10）上下嘴唇相互挤压

表示当事人遇到了难题。

（11）嘴唇僵硬或抽动

表示当事人被谈话内容激怒了，正在咬牙切齿。

（12）嘴唇半开或全开

表示疑问、惊讶。

（13）嘴唇紧绷

多半表示愤怒、对抗或决心已定。

需要提醒大家的是，以上多种嘴部反应所表达的含义并不是绝对的，我们还需结合对方其他肢体语言和身体姿态来分析其心理。

八种坐姿代表人的八种不同秉性

某公司招聘一名公关经理。进入面试会场，面试官会很客气地对求职者说：“请坐！”

求职者曾明明听到面试官客气地叫她坐下，她没有任何礼貌地回应，直接一屁股坐下去，重重地“砸”在沙发上。顿时，沙发脚与地面发出一阵刺耳的摩擦声。

面试官眉毛一皱，轻微地摇了摇头。虽然面试官接着又问了曾明明其他方面的问题，但当曾明明回答问题时，面试官眼神飘忽不定，不是看桌面，就是看手表。等曾明明刚回答完，面试官就急不可耐地说：“好了，你先回去吧，如果你被录用了，我们会打电话通知你。”

求职者赵丽萍听到面试官客气地叫她坐下时，她先微笑地点了点头，嘴里说：“谢谢！”然后，大方地走到沙发旁，身体朝向面试官，屁股对着沙发，右手从身后抚弄了一下裙子，很自然地坐在了沙发上。整个动作一气呵成，非常具有职业风范。

面试官见到这一幕，嘴角轻微上扬，表情舒展，似乎非常满意。接下来，面试官在提问的时候非常认真，每当赵丽萍回答时，她都专注地听着，眼神与赵丽萍对视，手里的笔还在纸上“刷刷”地写着什么。整个面试过程中，赵丽萍始终保持上身挺直，双腿并拢，双脚平行斜靠的姿势，看起来十分优雅。

面试结束时，面试官非常高兴地和赵丽萍握手，并且对她说：“恭喜你，你就是我们公司需要的人才！你被录用了！”

为什么赵丽萍一次面试就被录取了，而曾明明却被打发走了呢？这是因为她们两个人的坐姿不同。而坐姿是一个人的习惯性动作，透过一个人的坐姿，可以看出他的修养，也能看出他的城府，还能看出他的秉性。

下面，我们来分析一下不同坐姿背后隐藏的不同秉性。

（1）自信型坐姿

一只腿交叠在另一只腿上，双手自然地放在两侧的扶手上。这种坐姿能显示出当事人有较强的自信心，因此，称其为自信型坐姿。喜欢这种坐姿的人，通常坚信自己对某件事情的看法，他们的天资很好，总能想尽一切办法并尽最大努力去实现自己的目标。这种人很有才华，且组织协调能力很强，因此，适合做领袖人物。

（2）温顺型坐姿

将两腿和两脚跟紧紧地并拢，两手放于两膝盖上，端端正正。这种坐姿给人的感觉就是很乖巧、老实，因此，称其为温顺型坐姿。喜欢这种坐姿的人一般性格内向，为人谦逊，对于自己的情感世界较为封闭。在与人交往中，这种人善于替别人着想，因此，身边的朋友很多，人缘很好，在工作上，他们总能踏踏实实做好本职工作。

（3）坚毅型坐姿

将大腿分开，把两脚跟并拢起来，两手习惯于放在肚脐部位。这种坐姿给人一种刚强坚毅的感觉，因此，称其为坚毅型坐姿。喜欢这种坐姿的人通常有勇气，也有决断力，他们一旦认准了某件事，就会立即付诸行动。在个人感情方面，一旦对某人产生了好感，就会大胆地表达出来。但是，他们有很强的占有欲，动不动就会干涉爱人的生活，这一行为很容易遭到爱人的反感。

（4）悠闲型坐姿

上身后仰斜靠于椅背，双手抱在脑后，双脚自然地伸直。这种坐姿给人一种怡然自得的感觉，因此，称其为悠闲型坐姿。喜欢这种坐姿的人，往往性格随和，与任何人都相处得来，也善于控制自己的情绪，因此，走到哪里都能得到大家的信赖。

双手放在脑后，并跷起二郎腿的人，表示对你的话很感兴趣

（5）羞怯型坐姿

两膝盖并在一起，小腿随着脚跟分开呈“八”字形，双手合十，放在膝盖中间。这种坐姿给人一种特别害羞的感觉，因此，称其为羞怯型坐姿。喜欢这种坐姿的人，通常性格比较内向、敏感，感情非常细腻。在人际交往中，他们待人真诚，对待朋友很厚道；在工作中，他们习惯于依赖过去的经验，缺少创新求变的能力。

（6）古板型坐姿

两腿及两脚跟并拢在一起，双手交叉放在大腿上。这种坐姿给人一种古板、呆板的印象，因此，称其为古板型坐姿。喜欢这种坐姿的人，往往不愿意接受别人的意见，有时候明知自己的想法是错的，别人的观点是对的，他们仍然不肯低头接受别人的意见。也就是说，这种人很爱面子，过于在乎自己的脸面。

（7）随性型坐姿

两腿分开距离较宽，上身斜靠于椅背。这种姿势给人一种开放、随性的感觉，因此，称其为随性型坐姿。喜欢这种坐姿的人，喜欢追求新奇，不爱受到约束，他们不想过普通人的生活，不想走普通人走过的路，总想尝试一些新鲜的事情，做事往往凭着一股子热情。

（8）冷漠型坐姿

一只腿跷在另一只腿上，两小腿靠拢，双手交叉放在腿上。这种坐姿看起来很有亲和力，很容易让人接近，实际上，喜欢这种坐姿的人往往内心冷漠，别人找他们谈话或办事时，他们往往摆出一副爱答不理的姿态。他们不仅个性冷漠，还有一种“狐狸作风”，为了达到个人目的，喜欢耍阴谋诡计。

除了以上几种固定的坐姿之外，人在落座的时候，不同的动作举止，也能反映出一个人的个性心理。下面，我们就来简单地介绍一下。

（1）猛坐与轻坐

人在落座的时候，其动作的大小、快慢、轻重各不相同。一般来说：与熟悉要好的亲友会面时，性格开朗的人，落座时动作幅度较大，速度较快；初次见面、会见长辈、领导时，个性文静的人，落座时动作幅度小而轻缓。情绪波动大、性格强悍、不拘小节的人，落座时动作较大，比较生猛；情绪平稳、性情温和、做事谨慎的人，落座时动作幅度小、速度慢。

当然，对于文化修养高、自控力强的人，以上的判断可能不太准确。所以，观察对方的落座动作时，还需分析具体的情境，要考虑多种因素。

（2）深坐与浅坐

深坐，表示当事人有一定的心理优势，并且充满自信；浅坐，表示当事人拘谨、谦虚，过分的浅座，则有自卑和献媚之嫌。总的来说，舒适而深深地坐在椅内，表示当事人有着心理优势，始终浅坐于椅子上，是一种心理劣势的表现，且精神上缺少安全感。因此，遇到这种人时，不要过早地开口要求他办事，因为他的心还没安定下来。

通过站姿能够看出一个人的处世态度

俗话说："坐有坐相，站有站相。"一个人的站姿是能反映人的内心世界的，透过站姿，可以看出一个人是自信还是自卑。下面，我们就来具体分析几种常见的站姿。

（1）立正的站姿

参加过军训的人都知道，立正是一个非常真实的站姿，表达的是一种中性的态度。习惯于这种站姿的人，通常比较圆滑世故，不会轻易表露自己的心声和态度，总是一副不置可否的样子，这种人做事很谨慎，警惕性很高。

（2）两脚一前一后的站姿

这是一种自信、大方的站姿，习惯于这种站姿的人通常性格比较随和，为人诚实可靠，喜欢交朋友，非常讲义气，而且把朋友的利益看得高于一切。朋友的事情就是他们的事情，他们总是心甘情愿地为朋友的事情忙碌奔波。因此，人缘特别好，是交朋友不错的选择。

（3）脚自然站立，一只手插入口袋

这种站姿给人一种潇洒从容的感觉，习惯于这种站姿的人，表明其内心比较放松，情绪比较平稳。通常来说，这种人喜欢安静的环境，在与人交往中，懂得为别人着想。但是，当他们碰到气愤的事情时，也会暴跳如雷，这时插入口袋的那只手就可能抽出来，转而用手指指人。

（4）双腿叉开，略宽于双肩的站姿

这种站姿是典型的男性站姿，若配上双手叉腰的动作，可以充分地展示男子汉气概，让男人的大男子主义暴露无遗。影视剧中的西部牛仔很喜欢这个站姿，通过双手叉腰的动作，可以扩大自己的领地范围，防止他人侵入自己的领地。这是一种防卫的姿态，也是一种威慑他人的信号，表示不会轻易向别人妥协和屈服。

（5）双腿交叉的站姿

这是一种比较封闭的站姿，习惯于这种站姿的人往往内心较为保守、缺乏自信。在社交场合，他们通常会表现得有些拘谨，对陌生的环境和陌生人有一种本能的排斥，因此，你会发现他们在陌生环境中，总是放不开手脚，给人一种畏畏缩缩的印象。而且，他们与他人会保持相对较远的距离，其实，这是他们处于防卫状态的一种信号。

（6）双脚成“丁”字形的站姿

所谓“丁”字形站姿，即一只脚面与另一只脚面呈垂直角度，看起来像一个“丁”字。习惯于这种站姿的人，往往内心比较复杂多变，心机颇重，如果你不是他信任的人，他往往不会向你吐露内心，而是对你保持一种防备的心态和抵触的情绪。

要特别提醒的是，透过站姿看人的内心，不应单独地看站姿，还应结合其他肢体动作来综合判断。

通过走姿能够看出一个人的做事风格

一个人的走路姿势在很大程度上是一个人内心世界的反映，同时还会影响一个人的命运。心理学家研究发现，成功人士大多大踏步走路，眼睛目视前方，坚定有力，而失败者走路时则缺少精气神，总是低着头。在这方面，有个很典型的例子。

美国总统林肯在人生开始的几年，走路时总是低着头，佝偻着上身，看起来非常柔弱，这一时期，林肯几乎做什么都失败。比如，1831 年，林肯做生意失败；1832 年，竞选州立法委员失败；1833 年，再一次尝试做生意失败；1835 年，妻子去世。这一系列的失败和不幸，看似是一种偶然，但实际上与林肯当时的精神状态有很大的关系，而这种不良的精神状态直接反映在他的走路姿态上。

后来，林肯意识到自己的精神状态问题，通过调整心态和不懈的努力，最终他当选为美国第 16 任总统。这时人们再看林肯走路的姿态，则是器宇轩昂、精神抖擞、自信澎湃的。

林肯的例子告诉我们：一个人的精神状态、内心世界会反映在他的走路姿态上，因此，通过观察一个人的走姿，可以窥探到他独特的性格。

下面，我们就来看看，不同的走姿背后隐藏着怎样的个性与心理。

（1）昂首阔步型走姿

走路时抬头挺胸，昂首阔步，这种走姿能够充分显示当事人的气魄和力量。习惯于这种走姿的人大多比较自信，其自尊心也较强；有时则过于自负，好妄自尊大，还可能有清高、孤傲的成分。另外，他们思维敏捷，做事有条不紊，富有组织能力。

（2）不疾不徐型走姿

走路时不疾不徐，双手自然摆动，步态很斯文，这种走路姿态的人通常性格温顺，遇事沉着冷静、不骄不躁，能够控制好自己的情绪，不轻易发怒。在工作中，有较为冷静的大脑，不会轻易被带有感情的东西左右自己的判断。他们做事较为小心，言谈举止总是温文尔雅，很少大嚷大叫，因此，总能与周围人搞好关系。

（3）缓慢踌躇型走姿

步履缓慢、踌躇不前，这种走路姿势总给人一种慢腾腾的感觉，好像前面有陷阱一样，正如人们说的“生怕踩坏蚂蚁”一样。与这种人打交道，无论你说得如何着急，他似乎都不在乎，属于典型的现实主义者。就算碰到火烧眉毛的事情，他们也很难加快走路的速度。这种人比较软弱，遇事顾虑重重，总是给人一种心事重重、杞人忧天的感觉。

（4）优哉游哉型走姿

走路慢悠悠的，看起来悠然自得，而且经常笑眯眯的。这种人一般时间观念不强，缺乏进取心，但他们生性乐观，似乎从来没有烦恼，遇到不幸的事情也总能往好的方面想；对待生活，他们懂得知足常乐，不喜欢让自己忙忙碌碌。看别人奔忙于生活，他们甚至有些不解，还会反问：干吗把自己搞得那么辛苦？

（5）连蹦带跳型走姿

生活中，有些人一把年纪了，走路还像个孩子，连蹦带跳的。这种人一般内心纯真，有点小孩子脾气，尽管他们可能年纪很大了，但内心还有一些孩子的特征。时而任性，时而率真，时而疯狂，时而忧伤，通常他们的心事都写在脸上，不会刻意隐藏自己的心思。这种人大多心地善良，为人热情，做事光明磊落。

（6）疾步流星型走姿

走路就像行军打仗，步幅不大，但步频很快，同时，双手有规律地快速摆动。这种人从你身边走过时，你能感到一阵风。这种人就像军人一般，有着坚强的意志和强烈的时间观念，是说一不二的人，一旦决定做什么，他们就会迫不及待地挽起袖子干。相对而言，他们缺少一些耐心，有些需要等待才能办成的事情，他们往往因操之过急而失败。

（7）手插口袋型走姿

有些人走路时喜欢双手插进口袋，或单手插进口袋，由于缺少了手部的摆动，他们走路往往快不起来，给人一种慢悠悠的感觉。这种人一般比较潇洒，爱追求浪漫，比较注重个人的形象。

（8）双手叉腰型走姿

有些人走路的时候，走不了多久，就喜欢双手叉腰，同时身体前倾，步频很快，有点像竞走运动。这种人一般是个急性子，你看竞走比赛时，运动员一个个火急火燎地往前赶。表面上看，这种人比较沉默、为人低调，好像没有什么大的举动，其实，这叫“此时无声胜有声”，他们叉腰的动作实际上是告诉别人：胜利正在向我走来，你们等着我的好消息吧！

当然，走路的姿态万千，在这里没有办法逐一分析。以上几种走路姿势是比较常见的，至于那些不常见的走路姿势，还需我们在生活中去细心观察和揣摩，结合当事人的状态和周围环境，深入地分析和研判，才能做出准确的判断。

第一部分　识人行为心理学

——读懂他人行为背后隐藏的秘密

二、捕捉情绪行为反应，读懂他人的内心

人总是喜欢掩饰自己的情绪，
但不管如何伪装，
每一种情绪都会通过特定的行为反应传达出来。
在人际交往中，
通过定格、翻译这些行为背后的心理学含义，
我们就可以读懂他人瞬间的真实情绪，
并找出应对策略。

不停摸下巴，是在掩饰焦虑不安

焦虑情绪的典型行为反应：不停摸下巴

下巴即下颌部位，通常人们关注面部表情较多，而关注下巴动作却很少，因为从生物学和解剖学的角度来讲，下巴的功能仅仅是发声和咀嚼。

但实际上，下巴的功能远不止这些。它还是一个人心理的“显示屏”，透过下巴的微反应，可以看透一个人的内心。

下面，我们就来看看下巴的几种常见反应的背后的心理活动。

（1）不停地摸下巴

表示正在思考，也可能表示内心焦虑，正在设法平复情绪，让自己镇定下来。我们通过一个事例可以更充分地证明这一点。

作为公司的首席谈判代表，胡克锋面对的是一位李姓的经理。在见到对方的第一眼时，胡克锋就感觉他不好对付，因为他总是一副笑眯眯的神情，根本无法看出他的真实心理。

但胡克锋也不是吃素的，作为久经沙场的谈判老将，他还是向李经理提出了很多条件和难题，并非常仔细地观察对方的反应。胡克锋发现李经理的表情虽然始终如一，但却不停地用手抚摸下巴。

顿时，胡克锋心里有数了。他知道这个微反应代表李经理正在设法让自己镇定下来，这说明他提的条件已经挑战了李经理的底线，已经让他进退两难了，所以他才会做出这一平复烦躁情绪的举动。

因此，胡克锋决定见好就收，适当做些让步。因为如果再步步紧逼，恐怕会激起对方的拒绝之心。很快，李经理就答应了胡克锋的条件，并爽快地签订了合同。

（2）抬起下巴

抬起下巴，并伴有点头动作，表示赞同之意，也可以表现出威严感。比如，英国前首相撒切尔夫人在拍照时，就喜欢抬起下巴，再配上坚毅的表情，能够充分表现铁娘子的强硬和威严，气场十足。

在面对面的交谈中，如果一方抬起下巴，同时眼睛向下看对方，表明他打心眼里看不起对方，或表示他不认可对方的观点，甚至对对方有敌意。因此，这个动作通常被认为带有挑衅的意味。

（3）下巴向前伸出

从生理的角度上讲，当人身负重压时，才会自然而然地向前伸出下巴。扛大包的工人、挑重担的农民经常会做出这个动作，因为伸直脖子能让呼吸更顺畅。

从身体语言的角度来看，这个动作的含义是：当事人想表现自己的主张。而且这个动作属于攻击性的行为，给人的感觉是当事人恨不得冲上去。做出这个动作的人，可能是在故意侵犯他人的势力范围。

另外，下巴向前伸出与下巴抬高的动作经常相伴出现。同时，当事人的胸部以及腹部也会向外突出。这样一来，当事人在整体上就表现出一种高傲、看不起别人的样子。这一系列的动作通常表明当事人狂傲、优越感十足和妄自尊大的心态。

（4）下巴往里收缩

下巴向前伸出代表激进外向的情绪，下巴往里收缩则代表消极内向的情绪。生活中，那些精神萎靡不振或刚遭遇不幸的人，他们的下巴往往是低垂、收缩的，甚至都能贴到胸部。还有做错了事、被老师批评的学生，通常是耷拉着脑袋，下巴往里收缩，低着头。

大多数情况下，当一个人下巴往里收缩时，他的背部会有一些微驼，这两个动作所透露出的信息就是，当事人的性格懦弱、精神状态消极。

下巴往里收缩还表示顺从之意，即允许别人侵入自己的势力范围。因此，如果你不想把自己消极的一面表现出来，那就要注意控制这种不良的下巴动作。

别被一头“愤怒的公牛”撞伤

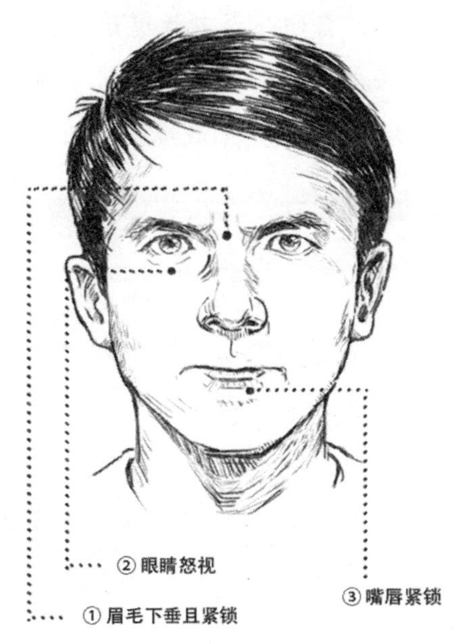

愤怒情绪的三种典型行为反应

某公司有一对男女同事谈恋爱（为了便于叙述，称男同事为M，称女同事为W），结果W劈腿，劈腿的对象竟是本公司的另一名男同事P。人总有一种心理，认为被甩的一方就是输了。所以，M很失落，又很愤怒，但这种愤怒无处发泄，因为恋爱自由，女朋友不爱自己了，他也不能说她什么。每次看见W和P，M的愤怒就会累积一点，累积到最后，终于迎来了大爆发。

一天，因工作上的关系，W向M传达一个工作指令，M见前女友就不爽，所以没有搭理她。W见M没搭理自己，以为他没听见，就再次叮嘱，可 M 还是不搭理她。W 有些不满，对 M 说："你什么意思啊？我跟你说话呢！"

就是这句话，一下点燃了 M 的愤怒，他突然对 W 大吼道："你这个品德败坏的背叛者，有什么资格跟我说话？马上滚开！"他的愤怒完全写在脸上，眼珠子都快瞪出来了，脸部处于充血状态，就像喝了酒的样子，额头上的青筋凸出来，双手紧握拳头，十分凶狠。

W 从未见过 M 如此愤怒，当即吓得不敢说话，然后默不作声地离开了。其实，M 的愤怒在彻底爆发之前，已经有了很多愤怒的微反应，只是 W 没有注意到，才导致最后对方把愤怒彻底爆发出来，使她无力招架，陷入尴尬之中。

愤怒是人的正常生理反应，它与人体的"战斗反应或逃跑反应"系统关系密切。这套系统曾经帮助人类的祖先在野外恶劣的环境中对抗敌人、逃离危险。人体在这套系统的驱动下超负荷地运转，就可能在瞬间做出爆发的准备。

一个人的愤怒在爆发之前，他的身体会给出一系列的信号，这可以从其身体的微反应上看出。如果你能察觉到对方身体方面的征兆，你便可以设法在他愤怒之前，做好应对的准备。当然，如果你能觉察到自己愤怒之前的微反应，你也可以有效地将自己的愤怒化解于无形，不让冲动冲昏自己的头脑。

愤怒是人的本能，是一种正常的情绪，人在不痛快且无法消除这种不痛快时，就可能用发怒的方式将不痛快释放出来。因此，若想不被别人的愤怒杀死，我们就需要在暴风雨来临前做好防备，而最好的防备是先认识愤怒反应的常见表现。

一般来说，人在愤怒之前身体会有以下几种表现：脸色发红，身体出汗；咬牙握拳，双肩发紧；身体摇晃，坐立不安；呼吸加重，心跳加速；面露青筋，瞳孔放大。

当你看到一个人出现了以上微反应，哪怕只有其中两种，你也应该意识到对方很可能心中藏着怒火。如果不注意在语言上进行化解，你就可能被对方的怒火“烧伤”。所以，你一定要明白，人在愤怒的时候会出现哪些行为。

（1）攻击

愤怒的第一种表现就是攻击，比如，大声嚷嚷、跺脚、拍桌子、挥舞拳头等，虽然这些行为不是直接攻击人，但它所表现出来的气势完全可以震慑人心，让人感到攻击的力量。有些人还会朝对方扔东西，或直接拳脚相加。所以，当你识别到当事人身体愤怒的微反应时，就应该想到对方可能会爆发攻击行为，并做好预防。

（2）退缩

愤怒的第二种表现是退缩，即愤怒者强行把内心的愤怒压抑下去，并让自己从愤怒的情境中抽离出去。常见的行为表现是：保持沉默，忽视对方，躲到某处。比如，离开房间，去外面抽根烟。

（3）被动攻击

愤怒的第三种形式是被动攻击，这种身体微反应最难识别，因为对方看上去只是有些冷淡，甚至一点儿事都没有。但是，如果你仔细听他说话的语气，就能感觉到话里话外总带着不满、批评、抱怨。

比如，老公想和朋友出去玩，老婆心里不高兴，但表面上却说：“没事，你爱去哪就去哪，不关我的事！”但这句话的言外之意是：“你去吧，反正你每次去都不带我！”所以，听话的时候，千万别只听字眼，更应该听对方说话的语气和说话时的表情，以判断对方的话是不是出自真心。

所以，被动式攻击是愤怒中最令人抓狂的一种。一方面，当事人没有表现出愤怒；但另一方面，其实他非常愤怒。因此，粗心大意的人对这种愤怒是最麻木的，是最不容易察觉出来的。

表情、行为、语言都藏不住恐惧

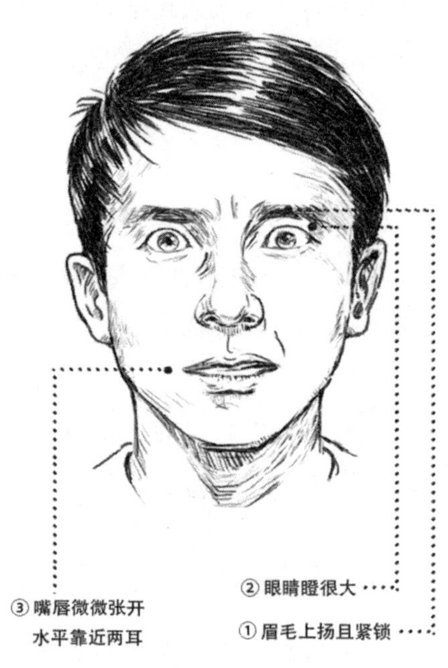

恐惧情绪的三种典型行为反应

晚上11点，彭菲在街边等最后一班公交车。忽然，有个中年男人走过来向她问路。彭菲是个热心的人，很耐心地给他讲述大概的路线。可那个男人还是说不知道，并建议道："要不你在我手机上用地图给我讲解吧！"

彭菲一听，觉得这个建议挺好，就在对方的手机上用地图给他搜路线。就在彭菲低头搜索的时候，那个男人突然把手伸过来，扶住了她的腰。

彭菲吓了一跳，抬头一看，发现那个男人正在猥琐地笑。由于附近没有第三个人，彭菲意识到危险来临，于是，她马上把手机还给对方，然后快步走开。

结果，那个男人一直紧跟在她后面，把彭菲吓得心“怦怦”直跳。就在她打算报警时，看到一个面相和蔼的大妈迎面走了过来。彭菲灵机一动，走上前拉住大妈的手，装作和对方很熟的样子，说：“王大妈，你这是要去哪里啊？”然后就和大妈边走边说话，并用余光观察那个陌生男人，只见他站在不远处看着她。

大妈对彭菲说：“要不我带你去市中心吧，我的面包车就在前面！”

彭菲隐隐觉得不妥，因为她知道不能轻易上陌生人的车，即使对方是一位和蔼可亲的大妈。但面对大妈的好意，而且当时情况危急，她也不知道是该同意还是该拒绝。就在这时，一辆出租车路过，彭菲当即挣脱大妈的手，把出租车拦下，然后上了出租车。

上车之后，彭菲感觉逃离了虎口，有一种大难不死的感觉。当她对出租车说出自己要去的地方时，由于方向反了，出租车只能掉头。当他们的车经过刚才上车的地方时，彭菲看到那个男人和那位大妈正在一起说着什么，很明显他们是一伙的。想到这里，彭菲不禁浑身冰凉，因为一旦上了对方的车，那后果将不堪设想。

当人们意识到伤害事件即将发生在自己身上时，便会产生恐惧心理。虽然恐惧只是有可能发生，虽然信息源并没有带来直接的危险，但因其对当事人的刺激力度过大，会导致当事人心理上承受不了。一旦他觉得无法消除即将发生的伤害，便会产生深深的恐惧反应。

在上面的案例中，面对坏人的计中计，彭菲侥幸逃脱，但事后想想，还是非常后怕，这就是人类本能的恐惧反应。人会产生恐惧反应是因为发现了恐惧源——会对当事人造成伤害的恐惧信息，接着，当事人便会出现恐惧反应。而且，对恐惧源预估的危险信号越强，恐惧反应就越强烈。

产生恐惧反应的起因是多种多样的。有的是当事人害怕受到身体上的伤害，如害怕打针，害怕摔倒，害怕从高空坠落等；有的害怕虽然不能威胁到生命安全，但也会引起内心的恐惧，如害怕被当众批评，害怕投资失败，害怕股票下跌等。当然，与这些恐惧相比，死亡才是恐惧最深的源头。

那么，当人产生了恐惧反应时，他会有怎样的微反应呢？

（1）表情方面的行为反应

① 眉毛紧绷皱起，皱起之后，前额皮肤会向上拉动脸部皮肤，上眼睑与眉毛一起出现平行运动。

② 鼻翼紧缩，两侧成沟壑形。

③ 面颊的肌肉紧绷，嘴巴张大，嘴角在面颊的牵扯之下向两侧延伸。

④ 在极度的恐惧下，人的面部会失去血色，会本能地闭上眼睛。

（2）行为方面的行为反应

① 脖子深埋，即缩脖子，像鸵鸟一样把头埋起来，还可能用胳膊和手保护自己的要害部位。

② 扭转身体，尽量回避刺激源。

③ 身体会出现不受控制的颤抖。

④ 在比较极端的情况下，即当事人对刺激源的恐惧感过于强烈，认为没有办法可以消除这种恐惧，这时当事人可能会浑身僵硬、动弹不得，吓得全身发软。

⑤ 更为严重的话，当事人会丧失所有能力，以至于惊吓过度而丧命。

（3）语言方面的微反应

① 咬紧牙关，沉默不语。

② 也可能大喊大叫，甚至是尖叫。

③ 语言能力几乎丧失，吓得说不出话来，或说话结巴，无法组织语言。

④ 在当事人还没有达到“吓得说不出话”的地步，他往往可以发出求饶的语言。

骄傲的人不容易受周围人的影响

某节目组曾经邀请一位综合格斗俱乐部的教练担任节目嘉宾，在现场为一些武术爱好者释疑解惑。在节目录制过程中，主持人给格斗教练观看跆拳道等各种拳术的训练视频，并问他："你认为哪种武术是最厉害的？"

只见格斗教练轻微抬起下巴，很客气地说："武术没有高低之分，都是为了强身健体。"说这话的时候，他的表情非常淡定从容，并带有轻微的笑意，整个神情非常放松。

在生活中，有一种人经常会露出带有轻微愉悦的微笑，而无论是面部表情，还是举手投足之间，都会透出一种淡定从容的味道。在心理学上，这种微反应被称为骄傲反应，它并非我们通常所说的骄傲，而是一种不带有任何褒义或贬义色彩的纯中性的情绪反应。

在上面的案例中，格斗教练的回答是典型的善意的谎言。虽然他说武术没有高低之分，但他的微反应明显在说："在所有武术中，综合格斗显然是最厉害的！"这就是一种典型的骄傲反应，它背后的潜台词是：我是最厉害的，我处于优势地位，我对自己很自信。

我们知道，人人都有自尊，这种自尊感来源于自我认同的心态，而这种心态需要两个条件才能产生：第一个条件是，明白自己能力的大小，即有自知之明，这是自尊的客观基础；第二个条件是，他人对这种能力的认可，这是自尊的主观基础。当一个人具备一定的能力，且受到了外界的肯定时，他才有真正的自尊，或者说他的自尊才能得以维持。

与自尊相伴的，往往是纯粹的骄傲。所谓纯粹的骄傲，是指不带有任何炫耀、傲慢、轻蔑的意味，纯属于一种强烈的自我认同和自我肯定。拥有这种自我认同感和自我肯定意识的人，不会轻易受到周围人评价的影响。

那么，怎样识别一个人的骄傲反应呢？

（1）在表情方面，一个纯粹的骄傲反应是这样的

① 上眼睑处于松弛状态，并遮住了虹膜的较大部分。

② 面颊非常放松，嘴角带着隐约的笑容。

③ 整个面部表情流露出这样的信息：一切尽在我的掌控之中，不用再担心什么，也不用再观察周围的环境。这种反应是一个人因自我肯定而产生满足感后，让自己处于享受和陶醉的状态之中的反应。

（2）在身体方面，一个纯粹的骄傲反应是这样的

既没有压抑的负面消极情绪，也没有堆积的兴奋的狂喜，所以，当事人的肢体动作非常放松、非常舒展和自在。这种姿态得益于一个人在自我肯定之后，获得了深深的自信，于是，他很大方自然地按照自己的风格行事，按自己的习惯说话，而不需要在乎别人的感受，或模仿别人的行为和语言风格。

在所有的基础反应中，骄傲反应是最为接近本能状态的。它不依赖于客体，因为自我满足不来自于外界的评价，而来自于自己对自己的清醒认识。因此，这一点是区分纯粹骄傲和轻视的关键性标准。

相比之下，轻视带有明显的客体指向性，当事人面对客体时，目光会呈现出居高临下的架势：下巴会扬起，头会抬起，以显得自己在某一方面比对方好，比对方优越，并认为对方没资格与自己交流，或不屑于和对方交流。同时，由于下巴抬高了，当事人往往没办法再睁眼看对方，而只能半眯着眼睛看对方，呈现出一种盛气凌人的姿态。

在一些极端的轻视举动中，当事人可能会侧脸朝向对方，再配合摇头晃脑或龇牙咧嘴，以表现较为强烈的轻蔑或挑衅。这是一种非常强烈的轻蔑，当事人的目的是让对方不舒服，或激怒对方，再趁机给对方难堪。

所以，在区分纯粹的骄傲反应与轻视、轻蔑、挑衅等反应时，我们关键是要看清当事人表情中的潜台词，看他是处于一种与世无争、自我满足的悠然自得中，还是带有恶意和攻击性的。

笑容满面的人，内心不一定快乐

在人类的种种表情中，笑是最为复杂的。通常，笑容被视为一个人在表达快乐和喜悦、友好和豁达，能起到调解人际关系的作用。然而，笑得灿烂不一定快乐。

听说美女同学、校花兼好友刘茗樱嫁给了一位富豪公子，陈菲云羡慕不已，心想：她真是好命，在学校里有一大堆帅哥围着献殷勤，出社会了马上就嫁入豪门，过上了丰衣足食的生活。我怎么就这么命苦呢？哎，人长得漂亮，真的很重要啊！

一年后，大学同班同学举办毕业一周年庆，陈菲云见到了刘茗樱。只见她全身穿着名牌时装，挎着“LV”包包，拿着的手机陈菲云都认不出是什么牌子。陈菲云笑着用调侃的语气和她打招呼：“刘茗樱啊，听说你嫁了一个好人家，今日一见果然不同凡响啊！”

刘茗樱哈哈一笑（这是她一贯的笑），自嘲道：“哪里的话，你可不知道，富太太不是那么好当的……”

陈菲云听这话音不对，再认真观察了她的面部和笑容，发现面部有几处伤痕，尽管浓妆遮盖了一大半，但还是隐隐可见；还有那笑容，虽然笑得灿烂，但似乎总带着一丝悲伤。

聚会后，陈菲云和刘茗樱一起离开酒店，路上刘茗樱不断地哀叹婚姻是牢笼。经过一番询问，陈菲云才知道，原来刘茗樱的那位有钱丈夫非常浑蛋，不仅吃喝嫖赌，而且心情不好时就打她。刘茗樱除了有钱花之外，没有一点自尊和平等，更感受不到婚姻的幸福和被人疼爱的滋味。

这个例子告诉我们，笑容的背后也许藏有一段不为人知的经历，笑容不过是为了掩饰痛苦。所以，在看见一个人笑的时候，不要马上得出对方很开心的结论，还需结合他面部的反应，捕捉、过滤、分析其笑容背后隐藏的秘密。

下面，我们就来看看，不同的笑容背后，都隐藏着哪些心理和情绪。

（1）纯粹的笑

纯粹的笑，就是心无杂念的笑，即完全发自内心的笑。这种笑是由大肌和眼轮匝肌这两块肌肉运动产生的，一般在当事人产生愉悦的情绪体验后，这两组肌肉就会协同工作。

要注意，纯粹的笑是很容易装出来的，并且假装的效果可以以假乱真。从根本上来讲，虚假的笑容可以随意制造，因为它是大脑有意识的一种行为，而真正的笑则是大脑无意识的行为。因此，辨别纯粹的笑是不是真的，关键就在于看眼轮匝肌，因为它的运动是在无意识状态下进行的。

假笑时，人的眼轮匝肌是不会收缩的。有些人为了充分掩饰自己，笑得特别夸张，甚至出现面部扭曲，但有经验的人一眼便能看穿。因为假笑中，眼部的变化无论如何是伪装不出来的。也就是说，如果你想分辨一个人的笑是真的还是假的，可以不看他脸的下半部，只看他眼睛的变化。这个方法同样适用于辨别饱满的笑的真伪。

（2）饱满的笑

如果当事人产生的愉悦体验非常强烈，这两块肌肉就会强烈地收缩，形成饱满的笑容。饱满笑容的微表情通常是这样的：

① 眼轮匝肌收缩，带动下眼睑提升、凸出。

② 上下眼睑呈现出挤压式闭合趋势，眼角处出现褶皱。

③ 颧大肌收缩，将嘴角向两侧、向上拉扯。

④ 嘴部处于自然状态下，上唇会提升，露出上齿。

⑤ 下唇没有固定的形态，可能会露出下齿，也可能不会。即使露出下齿，露出的面积也少于上齿。

⑥ 在两块肌肉的共同作用下，当事人的脸颊隆起，显得饱满。这时当

事人的眼睑下方会出现沟壑。

⑦ 有时候饱满的笑还会使当事人出现抽搐式呼吸，即我们常说的笑抽了。

（3）窃笑

窃笑，即偷笑，这种笑经常会让被笑者感到不解，甚至怀疑自己说错了话，做错了事。它笑的幅度不会很大，从形式上还要回避被笑的人与事。

窃笑时，人的眼睛含着笑意，但嘴巴不想发出声音，这就是为什么人在窃笑的时候，总习惯用力抿着嘴，尽量控制自己。另外，窃笑者的嘴角会提升、脸颊会隆起。尽管窃笑是无声的，或声音小到可以忽略不计，但窃笑者的嘴角足以暴露他们的内心。

（4）负责的笑

这种笑容总给人一种优雅、知性的感觉，让人觉得自己得到了回应和反馈。喜欢这样笑的人，通常属于自我封闭程度较强的人，他们不太喜欢去社交，而喜欢深居简出。负责的笑的微表情通常是这样的：

① 下半脸，尤其是嘴部会出现明显的抑制痕迹。

② 上半脸的表情与平时的开怀大笑差不多。

③ 笑的时候，当事人的颊肌将下唇向上推起，双唇在口轮匝肌的收缩作用下抿紧，唇间线呈水平直线。

负责的笑能给人一种亲切但又不失庄重的感觉。我们经常能看到老人、长辈或较为尊贵的人，在面对晚辈的时候，会露出这种笑容，德高望重的他们，凭借身份地位高、学识多，自然而然地流露出一种自信和淡然。

另外，销售员在向客户介绍产品时，由于他们对产品功能非常熟悉，所以，也会露出这种笑容以表现自信。

6.

读懂别人对你的轻蔑与厌恶

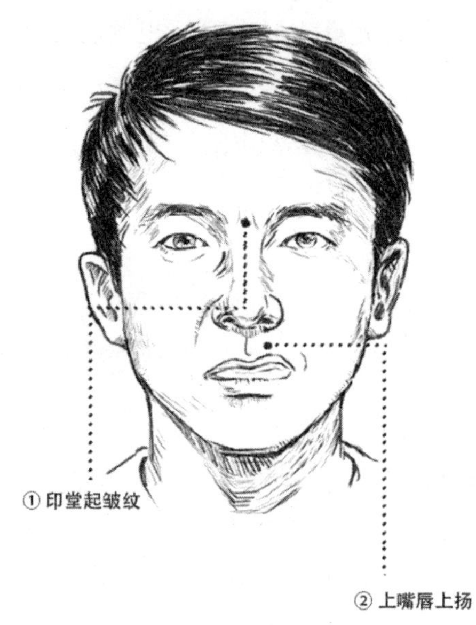

厌恶情绪的两种典型行为反应

方先生最近买了新车，上下班时，他总是很热情地带上顺路的同事。一来，路上大家可以聊天，不那么无聊；二来，也能让同事免于挤公交。

不过方先生是个很爱干净的人，平时把家里打扫得干干净净，有了新车后，他对车也是爱护有加。所以，他讨厌有人糟蹋他的爱车。比如，关车门的时候非常用力，在车上脱鞋，在车上抽烟，在车内乱扔垃圾等行为，都会让他感觉不爽。

有一次，一位女同事搭方先生的车，那位女同事上车后，就开始吃零食。零食的碎屑掉在车座上，车内都是零食的气味，方先生一脸不悦，但又不好意思提醒女同事。于是，他一路上不断地皱眉、叹气、撇嘴，想以此暗示女同事，可女同事并未察觉到方先生的不快。

从那以后，方先生再也不愿意让那位女同事搭车。有时候那位女同事提出搭车，方先生也总是找借口拒绝。

人在看见自己讨厌的某件事、某种行为、某个事物时，往往会产生厌恶情绪。通俗地说，厌恶情绪就是一种程度较深的反感、讨厌。比如，你讨厌有人在车内吸烟，当有人在你的车内吸烟时，你会做出诸如皱眉、撇嘴这样短暂而隐秘的表情，也可能出现恶心、头晕这样强烈的反应。

导致厌恶反应产生的信息源是十分微妙而复杂的，通常它要满足两个条件：首先，这个信息源必须是负面的，而所谓的负面，取决于个人的感觉。比如，有些人认为在车上脱鞋、乱扔垃圾是负面的信息源，而有些人则不以为然，认为这没什么。再如，一些成长于保守环境中的人对奇装异服会产生厌恶反应，而成长于开放和崇尚自由环境中的人，则不会对奇装异服产生厌恶反应。

其次，这个信息源不会对当事人造成伤害，不会强烈到超出当事人的心理承受力。如果信息源让当事人感到无法承受，那么就不只是产生厌恶反应了，而可能会产生愤怒反应，甚至是攻击反应或恐惧反应。

根据厌恶反应、愤怒反应、攻击反应、恐惧反应的关系，我们可以得出一个结论：在负面刺激所引起的情绪中，厌恶反应属于程度较轻的情绪反应，而愤怒反应、攻击反应、恐惧反应则属于程度较重的情绪反应。具体到厌恶反应中来，按照厌恶的轻重程度，它也可以分为三种。

（1）轻蔑或讥笑

轻蔑或讥笑是程度最轻的厌恶反应，在这种反应下，刺激源虽然会让当事人感到排斥，但当事人明白：刺激源的负面能量很微弱，不会对自己造成任何威胁。因此，他会不自觉地表现出轻蔑态度，具体表现为不屑一顾地笑、漠视的表情、嘲讽的语气。

比如，有个水平很差的羽毛球手想挑战你，你对自己的水平很自信，认为可以瞬间打败他，这种水平之间的差距很可能让你觉得对方是不自量力。于是，你会暗自发笑，并讥笑对方："就你那三脚猫功夫，还是歇着吧！"说这话的时候，你会不自觉地把头转开，不想看到对方，同时下巴上扬，流露出蔑视的神情。

（2）正常的厌恶

正常的厌恶反应往往有这样的表现：在身体上，当事人受到负面信息源的刺激之后，面部会呈现出皱眉、眼睑低垂、瞳孔缩小、鼻腔收缩、脸部朝着内侧紧绷、鼻翼两侧弯曲、紧闭嘴部、下巴以上向上收缩等一系列的动作。同时，身体会有相应的动作，比如，本能地远离刺激源，感官上尽量回避刺激源。

而在语言上，当事人往往会回避与刺激源有关的谈话内容，典型的表现就是言语上的敷衍。比如，你很讨厌打牌、打麻将、赌博等行为，而当有人跟你聊这方面的话题时，你很可能随便敷衍几句，或干脆闭口不谈。

（3）强烈的恶心

当厌恶情绪过于强烈时，往往会引发恶心、呕吐等反应，特别是当刺激源具备令人恶心的性质时。比如，医学上的解剖、血腥的恐怖片、刺激难闻的臭味等，就很容易造成视觉或味觉上的强烈刺激，导致当事人出现恶心、呕吐的反应，从而产生强烈的厌恶之情。

最后要提醒大家，真实的厌恶反应是诸多细微动作的和谐统一。如果仅仅是某个身体动作表现出了厌恶，而其他身体语言没有表现出厌恶，那就不是真实的厌恶反应。比如，情侣之间嬉笑打闹，女孩子做了个表现厌恶的表情，并说了句"讨厌"，但眼睛里却含着笑意，这就不是真实的厌恶反应。

7.

悲伤是怎么逆流成河的

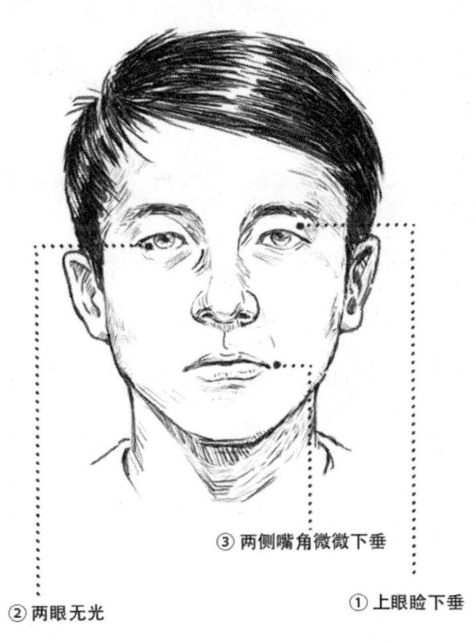

悲伤情绪的三种典型行为反应

斯科特·伊斯特伍德是著名演员，是导演克林特·伊斯特伍德的儿子，如今他已经是颇有名气的好莱坞年轻演员。2016 年，他在宣传新片《自杀小队 –X 特遣队》时，向媒体透露了一段不为人知的悲伤经历：他的前女友在车祸中死亡，从此他很难重新恋爱。

“几年前，我跟一个女孩约会，她在一场车祸中去世了。那只是起小车祸，她车上的气囊爆炸了，一个小物体射出穿透了她的身体，划开了脊椎，就……”斯科特说，“这件事我从没有告诉过别人，到现在我都没有给她的父亲打过电话，我想不出合适的话！”

讲到这段经历时，斯科特有很多感慨：“我也失去过朋友，一些很好的朋友。但，我从没失去过跟我真正亲密的人，可能这让我更难找到新对象。人年轻的时候很容易坠入爱河，对吧？然后你会意识到这些爱恋、激情、欲望之类的感觉，它们来得快，但去得也快。”

每个人在生活中都会经历一些不可避免的伤痛，遭到突如其来的不幸打击。当意外的伤害发生、当不幸的遭遇降临、当身边的亲人离开时，人会本能地产生悲伤反应。

一个人与死者的关系越亲密，产生的悲伤反应就越强烈。当亲人、好友猝死或意外死亡时，引起的悲伤反应是最强烈的。

悲伤反应从开始到结束，可以归纳为五个阶段。

（1）否认

不幸的事情发生后，悲伤者可能一时间无法接受这个事实，于是他会否认已经发生的事实。他试图告诉自己：什么事情都没有发生过，生活还是和以前一样，他们甚至会做一些过去和爱人一起做过的事情。比如，准备好爱人的饭菜、碗筷，坐在桌前吃饭；给已经不在的人倒一杯茶；自言自语地说话，好像对方在听一样。

（2）愤怒

当悲伤者度过了“否认期”，他可能会变得愤怒，他会通过很多种方式表达愤怒。比如，责怪他人，为什么不照顾好去世者，为什么不早点告诉他亲人离世的消息。整个人的情绪会变得悲愤和激动，甚至会生自己的气，自我责怪，自我悔恨，认为自己没有对亲人的去世尽到责任。在这个阶段，身边的人一定要对悲伤者加以关注，给他找一个合理的途径释放悲伤情绪，以免他对自己或对他人做出伤害行为。

（3）协商

协商就是讨价还价，也许是和自己，也许是和神灵，比如上帝。怎么讨价还价呢？悲伤者可能会说：“如果可以的话，我愿意付出生命，只要能让我爱的人活过来！”“上帝啊，我愿意替我的爱人去死，求求你让他活过来吧！”很显然，这种协商是没有意义的，是不会实现的。但悲伤者通过这种协商，可以释放内心的不良情绪，让自己的悲伤情绪得到缓解。

（4）沮丧

沮丧几乎是所有痛失所爱的人都会经历的内心过程，也是五个阶段中最难度过的一个阶段。在这个阶段中，人会疲惫、无精打采，还可能因为突然的情绪爆发而失声痛哭，又或是感到生活失去了目标，找不到活下去的动力，甚至会自我惩罚，乃至有轻生的念头。这一系列的行为，都是悲伤者无法感受到快乐和满足的表现。作为悲伤者身边的人，应该多加留意、多加疏导，防止悲伤者做出自我伤害的事情。

（5）接受

悲伤反应发展到最后一个阶段，就是接受事实，这时悲伤者似乎清醒了许多，认识到事实已经发生，生活还要继续。而后，悲伤者开始振作起来，为新的目标而努力，不过这需要一段时间去适应。

最后，要提醒大家的是，任何悲伤反应都不是单一模式，都不是一成不变的。以上五个阶段，也许有些悲伤者会逐一经历，而有些悲伤者则只经历其中的几个。所以，以上五个阶段的悲伤反应，仅供大家参考。

8.

看清别人是真心赞叹还是敷衍

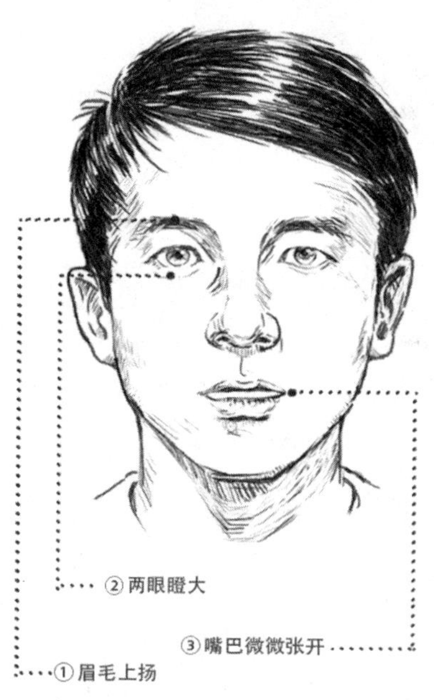

惊讶情绪的三种典型行为反应

当我们所关心的事物发生意外的变化时，惊讶的情绪就随之而来。这就是为什么人们在表达惊讶的情绪时，总是会说：“真的没想到……”由此可见，当事实与我们的主观期望有较大的差距时，就会产生惊讶反应。

惊讶是一种非常基础的情绪。当出人意料的外界刺激出现时，人会在接受刺激信息的瞬间，产生惊讶反应：停止一切活动，睁大眼睛，提升眉毛、抬头，同时嘴巴张开，显示出不可思议的神情。

一般来说，导致惊讶反应产生的刺激源与当事人的联系程度越紧密，当事人的惊讶反应就越强烈。如果刺激源是与自己息息相关的事物，那当事人的反应会相当剧烈。因此，面对同一刺激源，不同的人会产生程度不同的惊讶反应。但无论惊讶程度多么微弱或多么强烈，所有的惊讶反应都有一个共性——短促而和谐统一。

一个完整的惊讶反应所持续的时间是非常短的，也许从开始到结束，不到一秒钟。但是，在这不到一秒钟的时间里，却包含着并不简单的身体语言。尽管由于个体的差异，每个人表达惊讶的方式不尽相同，但任何一个惊讶反应，都具有短促而和谐统一的特点。

由于惊讶反应转瞬即逝，所以，要想准确地捕捉到，必须集中注意力。

（1）观察当事人脸的中上部

当事人的额头肌肉会有短促的收缩性紧绷，眼睑放大，虹膜张开。这个微反应是一种本能表现。人在接收到较为意外的刺激性信息时，会本能地进一步考察这个信息，而脸中上部的这些反应，能够让人更好地运用观察力去考察事实。

（2）观察当事人脸的中下部

观察当事人脸的中下部与观察脸的中上部，几乎是同时进行的。你会发现，一个真正做出惊讶反应的人，伴随着一次急促的吸气，他的鼻孔和嘴部会轻微放开。随后，当事人往往会迅速转入或悲伤、或喜悦、或愤怒等其他情绪反应当中。

记住，这个吸气的动作很重要，他是为下一个表情储备能量的。为什么会用嘴吸气？因为在意外情况下，用嘴巴吸气比用鼻子吸气更省力。如果刺激性信息足够令人震惊，那么当事人的吸气声可能较大，你甚至能清楚地听到。对比一下脸中上部的微反应与脸中下部的微反应，你会发现：前者往往是轻微惊讶时的常规性表情动作，而后者则是惊讶较为强烈时的表情动作。

通过比较这两组动作，你可以发现，惊讶反应的当事人更容易产生第一组动作。也就是说，轻微地睁眼和额头上抬是惊讶的主表情，出现惊讶情绪的人，其眼部一定会有动作，尽管动作可能十分微弱；当刺激足够大时，嘴和鼻翼也会做出动作，但嘴部与鼻部也可能不会有动作。

（3）注意当事人其他的反常性动作

当惊讶反应出现时，除了体现在面部微表情上，当事人还可能出现一些身体动作。比如，极为短促的身体僵直，胸腹不自觉地突然挺直，甚至出现轻微的跳跃，这与猫、狗等动物受到惊吓时的反应很相似。惊讶还会使当事人出现瞬间的紊乱，比如，正吃饭时，突然听到一个惊讶的消息，嘴巴马上僵住，停止咀嚼食物。再如，正说话时，突然听到一个惊讶的消息，马上思路乱了，前言不搭后语。

按理来说，惊讶反应是比较容易判断的，但有些人却能伪装出惊讶反应，而且还能以假乱真。对于伪装的惊讶反应，我们可以从以下三方面来识别。

（1）思考刺激源

惊讶的刺激源一定与当事人息息相关，是当事人非常在意的。如果一个刺激源根本不是当事人关心的事，而对方却做出惊讶反应，多半是一种伪装。对方伪装可能是为了表达同情、表达关切，比如，你和同事正在聊天，突然接到电话，得知有位亲人发生了意外事故，对方听你这么说，马上做出惊讶状，这个惊讶反应 99% 是假的，同事不过想对你表达一些同情和关切，并无恶意。

（2）观察当事人的眼部

看一个人是否真的惊讶，观察其眼睑的变化非常关键。如果对方仅仅是动了动眉毛，眼睑没有任何变化，说明其惊讶反应是假的；反之，只要眼睑有所提升，即便幅度不大，也说明他真的惊讶。

（3）看当事人惊讶持续的时间

矫揉造作的惊讶往往会故意拖长时间，而真实的惊讶时间是很短暂的，只是一个瞬间的动作，甚至不到一秒。所以，对比一下，你自然就能觉察出来对方的惊讶是真是假。

第一部分　识人行为心理学

——读懂他人行为背后隐藏的秘密

三、透视日常行为，看清人的另一面

日常生活中的行为习惯是经过长年累月慢慢形成的，
因此可以体现一个人的真实个性。
通过观察一个人在购物、饮食、穿着、
出行等各个方面的生活习惯，
我们就能看清他更多的另一面，
从而对他的人格有一个全面的、
真实的评价。

购物习惯反映一个人的价值观

姜杉有一份收入不错的工作，每年都有很多休假，她经常出去旅行、购物。在给自己花钱方面，她属于爽快型的人。看到自己喜欢的衣服，简单试穿一下，就会果断地结账。可买回来的衣服经常穿几天，她就能找出许多缺点，比如，“颜色不好看”“款式太一般”“料子质量不好”，于是把衣服“收藏”在衣柜里。可是下一次再逛街时，她看见漂亮衣服或是其他物品，又忍不住购物的冲动，继续犯同样的错误。

为什么姜杉会犯同样的错误呢？这是因为她的购物习惯导致的。习惯一旦形成，就很难改变。每个人都有独特的购物习惯，通过购物习惯可以看出一个人的消费观、价值观以及性格特点。

下面，我们就来看一看不同的购物习惯所反映出的信息。

（1）快速决定型

小到去餐厅点菜，买个人生活用品，大到置办一套家具，都力求快速决定，有需要就去买，觉得好就买，唯恐多耽误一分钟。这就是快速决定型的购物风格，它看似爽快，实则非常冲动。因为对物品的实用性、价格、性能等考虑不周，经常会出现东西买回来了就后悔的情况。

这种购物风格的人通常快人快语，做人极其爽快，做事极具效率，给人一种果断干练、活力四射的印象，但经常做出冲动的决定，事后又悔不当初。上面案例中的姜杉就属于这种购物风格的人。

（2）三思而行型

在购买之前，会认真地进行货比三家，即对各种同类商品进行分析、对比，只为选出自己最中意的商品，避免做出错误的购物决策。这就是三思而行型的购物风格，它看似理智，但有时却会错失购物良机。

这种购物风格的人往往很理智，在生活中遵守规矩、有很强的责任心，会认真地对待工作，认真地规划生活。但可能会错失机遇，所以，偶尔冒险一下、冲动一下也许会有更大的收获。

（3）追求完美型

买什么都要精挑细选，既要品质过硬的，又要价格实惠的，会不断地放下原本就看好的商品，想着其他店还有更好的商品。“再逛逛”是他们的口头禅，这就是追求完美型的购物风格。

这种购物风格的人是典型的完美主义者，不论是对待感情，还是对待生活，或是对待事业，他们都会尽最大努力追求完美。他们不愿意将就，不会轻易妥协，经常让自己陷入纠结中，也让身边的人忍受折磨。

（4）迷恋网购型

什么东西都去网上买，连一包卫生纸、一盒牙膏都恨不得在网上买。一方面是因为网上的东西比实体店便宜，另一方面是因为在网上购物不用担心砍价的问题。再者，坐在家里就可以随心所欲地逛各大商店，避免了逛街的辛苦。这就是迷恋网购型购物风格。

这种购物风格的人往往性格偏内向，或比较懒惰，不愿意逛街，他们喜欢待在安静的地方。他们对新事物充满兴趣，懂得与时代保持同步。

（5）闲得无聊型

闲来无事时，约上几个朋友或独自去逛街，把自己觉得不错的衣服试个遍，但就是不肯掏钱买下来，因为他们没有购物计划。当然，有时候遇到动心的商品，也会买下来，但这种情况比较少。这就是闲得无聊型的购物风格。

这种购物风格的人做事有规划，规划之外的事情，他们往往不会去做，对于规划内的事情，他们也不会轻易更改。拥有坚定的意志，面对诱惑懂得说“不”。

吃相难看的人，素质高不到哪去

俗话说“站有站相，坐有坐相”，其实吃也要有吃相，作为礼仪之邦，中国的餐桌礼仪很有讲究。从一个人的吃相，就可以窥见其本性和素质。

下面我们就来看看怎样从吃相上看人心。

（1）细嚼慢咽

这种吃相给人彬彬有礼的印象，这种人通常心思细密，不急不躁，耐心较好。

（2）悄无声息

吃饭的时候，咀嚼食物不发出声响，且保持肩膀和手臂不妨碍邻座，这种吃相礼仪感很强。这种人通常懂得洁身自爱，十分重礼节，为人处世很理智。

（3）分而食之

吃饭的时候，遇到大的食物，将其分割成若干小块逐一食用。这种人做事小心谨慎，善处守势，不喜欢采取攻势，有时候很固执。

（4）以口就食

用嘴去就食物，这种吃相有些难看。这种人通常做事比较草率，个性随和，甚至到了随便的程度。

（5）以食就口

以食就口，也叫以碗就口，这种吃相温文尔雅。这种人自信心和自尊心较强，内心通常有一种优越感。

（6）狼吞虎咽

这种吃相给人一种抢食的印象，尤其是在多人一起用餐时，更容易让人产生不好的感觉。这种人多半性子急，常会流于鲁莽及冲动。如果遇到

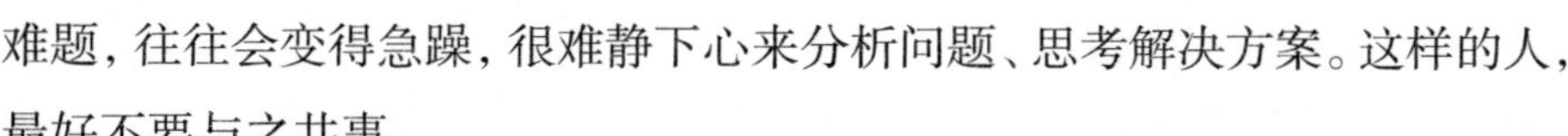

难题，往往会变得急躁，很难静下心来分析问题、思考解决方案。这样的人，最好不要与之共事。

（7）边吃边看

吃饭的时候，眼珠子不停地转动，观察桌上有什么好吃的菜，这种吃相就叫“吃着碗里看着锅里”。这种人往往个性猴急，比较贪婪，虚荣心强。

（8）边吃边掉

吃饭或吃菜的时候，会掉饭粒或菜渣，这种人一般做事没有条理，在感情方面不懂得珍惜，往往等到失去了才追悔莫及。

（9）吧唧嘴巴

吃饭的时候，双臂大张，吞咽迅速，喜欢吧唧嘴巴，这种吃相难看，咀嚼声难听。这种人欠缺教养，在生活中往往我行我素，不听劝。

（10）翻江倒海

夹菜的时候，用筷子在盘子里翻江倒海，以寻找自己爱吃的食物，这种吃相缺乏公德心。这种人往往私心较重，为了达到个人目的，往往会不择手段。

（11）只顾自己

桌上有一盘菜，里面只有八块肉，原本每人一块，可有人吃了一块之后，觉得味道很好，又夹了一块，甚至再夹一块。这种人往往比较自私，不懂得好东西要分享。金仁宝集团董事长许胜雄非常喜欢用这一招来识人，他还说：“这种人，即便能力再强，最多只能当副总，不可能当总经理，他没有分享的概念。”

（12）吃法残忍

吃法残忍的人往往没有善心，自私自利，很容易为了一己之便损公肥私。

（13）站着吃饭

有些人喜欢站着吃饭，他们通常性格比较倔强，为人坦率开朗，不拘小节，但做事有些急躁。一旦得到了满足，就会非常慷慨大方。

从衣服颜色能看出人的性格色彩

美国心理学家彼得·罗福博士认为，从一个人对服装颜色和服饰的偏好上，往往可以推测其心理。这一点在女性身上更为明显。

下面，我们就来介绍不同色彩的服装所反映出的当事人的心理：

（1）喜欢穿红色衣服的人

红色使人精神振奋，但过度的红也会使人精神紧张、易暴易怒。喜欢穿红色衣服的人大都是精力旺盛的行动派，他们好奇心强，对感兴趣的事情会投入百分之一百的热情。但他们缺乏耐心，遇到挫折后也会丧失热情，情绪变化较大。美国心理学家彼得·罗福博士研究发现，喜欢穿红色服装的女性有丰富的愿望，她们常常对生活感到不满足，情绪变化无常令人难以捉摸。另外，这种人心直口快，说话不经大脑思考，不考虑别人的感受，也不考虑可能产生的后果。

（2）喜欢黑色衣服的人

黑色可以给人留下神秘、高贵以及专业的印象。喜欢穿黑色衣服的人多半不善于社交，他们希望用黑色来抑制内心的不安或恐惧。

（3）喜欢穿白色衣服的人

白色是纯净、没有任何杂质的色彩。喜欢穿白色衣服的人，往往喜欢追求完美，但又有实际的一面；他们内心比较寂寞，既渴望得到关注又不喜欢别人的客套，既做作又喜欢钻牛角尖。所以，他们让人又爱又惧。

（4）喜欢穿粉色衣服的人

粉色是红与白的结合，有红色和白色两种特性，喜欢穿粉色衣服的人既感性又理性，既天真又成熟。他们大多是天真单纯的幻想家，内心纯净如白纸，他们为人处世比较感性、温和，渴望自己变得更年轻、更有朝气，希望给人留下一个高贵的形象。与此同时，他们又有强烈的逃避现实的心理倾向。

（5）喜欢穿蓝色衣服的人

这类人喜欢宁静、无忧无虑的生活，他们善于控制感情，对家庭、对集体有强烈的责任心。他们见多识广，判断力强，但个性比较固执，不达目的不会轻易罢休。对于别人的意见，他们缺乏接纳的度量。

（6）喜欢穿黄色衣服的人

黄色是个充满能量的颜色，可以催人奋进，加速理想的实现，有助于激发新的创意。但黄色的服装是比较难驾驭的，一旦挑选的衣服不适合自己，就会给人留下愚蠢的形象。喜欢穿黄色衣服的人，通常有独特的见解和想法，他们富有创意和好奇心。他们性格外向、精力充沛、潇洒自如、敢想敢做、无所畏惧。

（7）喜欢穿绿色衣服的人

绿色是充满生机的色彩，喜欢穿绿色衣服的人，通常个性谦虚平和，善于克制自己的情绪，不喜欢与人争论。他们很少有焦虑、忧愁和烦恼，内心平静如水。他们有强烈的道德感，和善、可亲是他们最大的特色，即使不喜欢别人，也不会表现出来。

根据衣服的颜色来分析人的心理和性格，似乎有些过于简单。因为一个人可能喜欢多种颜色，不可一概而论。不过，如果你能确定一个人喜欢穿什么颜色的衣服，对于了解其内心和性格是有所帮助的。

戴手表不仅是为了看看时间

丁玉是一家公司的前台。有一次，她正在整理资料时，一位穿着随便的男士走了进来。出于礼节，丁玉立即弯身行礼，并请问他有什么事。

旁边的同事小荣却对这位男士不屑一顾，埋头做自己的事。丁玉一抬头，看见那位男士戴着古典金表，立即意识到他是一位了不起的人物，便笑容满面地把他招呼进会客室。

看到丁玉这么热情，同事小荣不屑一顾地说道："你什么时候变得这么热情了？"

丁玉悄声说道："这是一位大人物，你别看他穿着很一般的衣服，但他戴的古典金表显示他的身份不一般。"

她的话刚说完，总裁就从直梯里匆忙走了出来，并问道："小玉，刚才有客人进来吗？"

"有，有，我已经把他招呼进会议室了！"

"好的，好的！"总裁说完就急急忙忙地向会客室走去。

小荣一脸诧异地问道："这什么人物？还劳烦我们总裁亲自接驾。"

"我也不知道，反正是大人物。幸亏我没有怠慢他！"丁玉悄声说道。

虽然现在手机代替了很多手表，不过，对那些拥有"时间就是金钱"观念的人来说，他们仍然喜欢佩戴手表。"一寸光阴一寸金，寸金难买寸光阴"，时间在悄无声息地流逝，不同的人对此会有不同的感觉。有人熟视无睹，有人却表示深深的惋惜，并抓紧利用每一分钟去做一些有意义的事情。

一个人如何看待时间，大多数时候都是由他的性格所决定，而一个人的性格又可以通过他所戴的手表传达出来。下面我们一起来看看，喜欢戴不同款式的手表背后隐藏着怎样的秘密？

（1）喜欢戴古典金表的人

喜欢戴古典金表的人经济雄厚，他们具有发展眼光，拥有长远目标，更看重长远利益，绝不会为了眼前的既得利益而放弃一些更有发展前途的事业。他们思维缜密，喜欢思考，凡事都看得清楚透彻，具有很强的宽容力、忍耐力与意志力，总能战胜各种困难。

（2）喜欢戴电子表的人

喜欢戴电子手表的人有些特别，他们独立意识强，喜欢自由自在，不喜欢受约束与控制。他们不会轻易向别人敞开自己的内心世界，所以，大多数人都很难走进他们的内心世界，更不能窥视到他们的喜怒哀乐。他们的疏离让别人感觉很难接近。

（3）喜欢戴液晶显示屏手表的人

喜欢戴液晶显示屏手表的人在生活中大多比较节俭，精打细算。而且他们的思维比较单纯，对简捷方便的各种事物比较热衷，而对于太抽象的概念则难以理解。他们在为人处世各方面很认真，不是显得特别随便。

（4）喜欢戴怀表的人

喜欢戴怀表的人大多对时间有很好的控制力，虽然他们每天很忙碌，却并不是时间的奴隶，而是懂得如何在有限的时间里放松自己寻找快乐。这说明他们善于控制和把握自己，适应能力比较强，能够很好地调整自己的心态。他们乐于收集一些以往的东西，很怀旧。他们言谈举止高雅，可以显示出一定的文化修养。他们有比较浓厚的浪漫思想，常会制造一些出人意料的惊喜。他们为人处世有耐心，很看重人与人之间的友情。

（5）喜欢戴具有几个时区手表的人

喜欢戴具有几个时区手表的人很不现实，常常憧憬在自己编造的幻想中。他们有一定的聪明和智慧，但一切都止于想象而已，不会去付诸实践；做事常三心二意，这山望着那山高，在一些责任面前，常以逃避的方式面对。

（6）喜欢戴闹钟型手表的人

喜欢戴闹钟型手表的人通常对自己要求比较严格，总是把神经绷得紧紧的，不允许自己有半点的松懈，时刻准备出击。他们虽然算不上传统和保守，但做起事来有很强的规律性和原则性，他们在争取成功的过程中对任何一件事都是以相当直接而又有计划的方式完成的。这类人责任心强，有时候会刻意地培养和锻炼自己在这一方面的能力。同时，他们还有出色的领导和指挥才能。

（7）不喜欢戴手表的人

不喜欢戴手表的人大多独立自主，不喜欢别人对自己指手画脚，喜欢做自己想做并且也愿意去做的事情。他们懂得随机应变，头脑灵活，能够及时地想出应对的策略，而且非常乐于与人结识和交往。

通过妆容就能透视女性的性情

有家珠宝店失窃了，几件贵重的珠宝不翼而飞。警察来到店里，却没有发现丝毫的线索。根据店员的回忆，当天上午只有两名女士来过店里，她们穿着不俗，一看就是有钱人，其中一位女士说母亲的生日快到了，想给母亲挑选两件漂亮的首饰作为生日礼物。另一位女士则是来给自己挑选饰品，以便出席一个重要宴会的。两位女士都看了很多件饰品，而且不断地试戴。最后，准备参加宴会的女士觉得不满意，就离开了。而另一位女士几乎试遍了店里一半的珠宝。最后，她买了一条项链。

警察听完店员的陈述，无法判断谁的嫌疑更大。于是，通过调出店里的摄像头，观察她们的举止。结果发现，准备为自己买饰品的女士脸上化着艳丽的浓妆，满身珠光宝气。而另一位女士只化了淡妆，警察观察到，她在试戴饰品时，动作有些不太自然，表情还有点紧张。最后，警察断定她就是嫌疑人。理由是，她化淡妆是为了不引起别人注意，而且她的动作、表情暴露了她内心的紧张。

最后，通过一系列的侦查手段，找到了那位女士，经过审讯，她很快就承认了自己偷窃的事实。

一个人的妆容真的能够神奇到破案吗？当然，化妆的作用不局限于使女人变得美丽动人，心理学研究发现，一个人化妆的习惯能够反映出她的思维习惯和性格心理。

美国 FBI 在调查案件时，往往会对所接触到的女性的化妆习惯进行分析，以推断其内心和性格。

（1）喜欢化淡妆的女人

这种女人通常没有太强的表现欲望，她们不喜欢引人关注，她们只要求过得去，简单涂抹一下，不至于让自己显得难看就行了。她们属于聪明的一类，不会将时间和精力耗费在梳妆台上。她们通常比较自信，认为个人成就或是长相、身材才是自己最大的亮点，她们有自己的想法，敢想敢做，敢打敢拼，以追求更大的成功。

（2）喜欢化浓妆的女人

这种女人表现欲非常强烈，她们不惜将各种化学药剂喷涂在脸上，并忍受痛苦用各式工具修眉弄眼，为的就是让自己显得特别，以吸引周围人的目光。如果得到了异性的关注，她们心里会很高兴。她们思想前卫，行为举止开放，充满热情。

（3）不惜花大量时间去化妆的女人

这种女人做事追求尽善尽美，属于典型的完美主义者。她们绞尽脑汁也要让自己的妆容达到自己满意的效果，证明她们对自己的相貌不自信。因此，只好不断地用化妆来掩饰自己，结果却适得其反。

（4）化妆时特别在意某个部位

比如，特别喜欢修眉毛，或喜欢贴假睫毛，或特别注重涂抹口红，这种女人通常有较强的自知之明。她们清楚自己的优点和缺点，并善于扬长避短。她们做事讲究实际，注重效果，不会沉迷于无意义的工作中。

（5）喜欢化怪异的妆容

有些女人把眼睛周围画得黑乎乎的，或把嘴唇弄得红彤彤的，诸如此类的怪异妆容是女人情感的一种宣泄。这种女人通常有强烈的反抗心理，比较任性、自我，或许小时候受宠惯了，所以不喜欢听别人的安排。她们喜欢用一些反常的行为去抗拒常规的行为，但往往失败居多。

当然，有些女人根本就不化妆，原因不外乎不会化妆或不喜欢化妆。这种女人通常对自己的形象气质比较自信。她们非常理智，懂得把时间和精力放在追求更有意义的目标上。另外，她们非常随性，不喜欢被妆容约束，而喜欢追求自由洒脱。

手提包里暗藏女性的人格密码

俗话说，男人的表、女人的包。意思是，男士的品位体现在戴什么样的手表，而女士则主要看包。

（1）选择手提包的样式

从选择手提包的样式也可以看出一个人的性格和偏好，当你遇到一个陌生人，可以先看看他的包，这样有助于你对他的性格有一个最初的判断。

① 大众化的提包。选择这种包的人多是个性不太强的人，他们很多时候会随波逐流，大众选择什么他们就会选择什么，“个性化”很少出现在他的“字典”里，这种人的目光和思想都比较狭窄，人生也不会有太大的发展和成就。

② 有个性的提包。选择这种提包的人一般是想表达自己的人，但他的性格也可以分为两种：第一种是个性特别强，喜欢用自己独特的视觉和思路去看问题，这种人我行我素，很少因为别人而改变自己，爱冒险，具有一定的胆识；另一种人不是真正有个性的人，只是想通过这种特别来吸引更多人的关注，有点哗众取宠的感觉，这种人通常虚荣心比较强。

③ 公文包。选择公文包的人，除了是工作需要外，也可以看出这个人性格谨慎小心，平时他们很少露出笑容，即使在说笑的时候也是带着严肃的，而这些人对自己的要求也是相当高的。

④ 小巧精致、不实用的包。会选择这种包的人通常是年轻人，而且涉世不深的居多，如果是一个非常成熟的人还喜欢选择这种包的话，则说明这个人性格是乐观积极的，对未来也是充满期待的。

⑤ 具民族风情、地方特色的包。选择这种包的人是个人主义强的人，个性强，往往会有与众不同的思维方式，但这样带来的负面结果就是会与

周围的人格格不入，不利于发展人际关系。

⑥ 口袋多的包。选择有很多口袋手提包的人，多是生活有规律的人，他对自己每天的安排都是在计划内的，不会轻易改变自己的计划或者冲动做事。

（2）从包内的摆放看人的性格

① 包内的摆放杂乱无章。如果一个人在找提包内的东西时，需要把全部东西都倒出来才可以找到，那么我们可以判断出这个人生活得杂乱无章。这个人的做事原则是“无所谓，方便就好”。这类人的性格就是比较马虎，做事不够谨慎，目的也不够明确，但他们对人是亲切、热情的，很容易接触。因为这种人生活态度比较随意，所以会导致自己在工作上陷入困境，如果领导对待工作是高度认真负责的，会觉得这种人不适合在自己的团队里面。

② 包内摆放井然有序、层次分明。一个人的提包内的各种东西都被层次分明地摆放着，一旦要用到，他马上可以找出来。证明这种人原则性很强，办事认真可靠，组织能力比较强，经常是活动的召集人。此外，他们还比较自信，因为将生活安排得井井有条，所以他们的生活看起来过得不错。但他们的缺点是太有条理性导致看起来严肃、呆板，有时候会对生活某些细节斤斤计较。

（3）习惯不带包的人责任心不够强

还有一种人是不带包出门，这种人总的来讲就是责任心不强，因为他们觉得出门带包是一个负担，而他们又不喜欢负责任，所以不带包就是最好的选择。这种人的性格比较懒散，所以把工作交给这类人是比较不放心的。

兴趣爱好是人品位的一面镜子

孙先生是一位企业老板，他在选择人才时，很喜欢了解对方的兴趣爱好，并作为一个参考因素。

有一次，公司在招聘销售主管时，经过层层淘汰，只剩下三个候选人。这三人的能力相当，工作经验也差不多，口才、气质等均不相上下。人力资源部主管考虑再三，还是拿不定主意，就向孙先生请示。孙先生了解情况后，决定亲自出马。

面对三位候选人，孙先生只问了他们一个问题："你有什么兴趣爱好？"

候选人 A 说："我也没什么特别的兴趣，有空的时候我爱在家里看电影，养养花草！"

候选人 B 说："我喜欢听歌、下棋，就这些了。"

候选人 C 说："我喜欢跟一帮朋友登山、垂钓，还喜欢体育运动，比如，打羽毛球、打篮球，还喜欢和朋友一起喝酒。有时候天气不好，没办法做这些事，我就在家看看书！"

孙先生听完三人的回答后，把人力资源部主管叫到一边："把C留下！"

为什么孙先生会选候选人 C 呢？兴趣爱好是一个人潜意识的最好流露，也是一个人品位和追求的体现。通过一个人的兴趣爱好，我们可以了解他的交际圈子，再由这个交际圈子了解这个人的性格和品行。

候选人 C 的兴趣爱好广泛，健康积极，而且他提到喜欢与一帮朋友追求自己的兴趣，这表明他的交际范围很广。这就是孙先生选他担任销售部主管的原因。由此可见，兴趣爱好是观察他人品位的一面镜子。

下面，我们就来看看不同的兴趣爱好能反映出一个人哪些独特的信息。

（1）喜欢养宠物

① 喜欢养猫的人，通常崇尚独立自主，讨厌随便附和，直来直去。

② 喜欢养狗的人，随和温顺，为人亲切，但好随波逐流。

③ 喜欢养鱼的人，是个充满自信的乐天派，有较强的生活情趣，对生活和事业没有过高的追求，只想平平淡淡地过一辈子。

（2）喜欢看电视、看电影

这种人通常比较居家、容易满足，对待生活没有不切实际的欲望。他们认为生活本来就是平淡的，通过电视剧、电影中的故事情节来调节平淡的生活，也不失为一种精神上的满足。通常他们性格较为内向，待人友好，容易交往。

（3）喜欢音乐

① 喜欢流行音乐的人，属于平凡的随波逐流类型。

② 喜欢交响乐的人，往往踌躇满志，积极乐观。

③ 喜欢摇滚乐的人，往往害怕孤独，不能忍受寂寞，喜动不喜静，内心有点愤世嫉俗。

④ 喜欢古典音乐的人，比较理性，善于自省，懂得自我约束，内心压抑。

⑤ 喜欢歌剧的人，思想较为保守，容易情绪化，易出现偏激行为。

（4）喜欢舞蹈

① 喜欢芭蕾舞的人：这类人具有超强的耐力，很容易完全靠个人的努力来获得成功。

② 喜欢华尔兹的人：就像华尔兹这个名字的节奏，给人优雅而不拘谨的感觉。名如其人，这种舞蹈的特点是优雅且平衡感十足。喜欢华尔兹的人，性格沉着稳重，为人亲切随和，给人的感觉是社会经验丰富，阅历过人。

③ 喜欢交际舞的人：这种人在与人交往中找到生活的快乐，所以会乐于助人，对一切交际方式都情有独钟。为人处世方面，他们比较谨慎小心，因为害怕破坏了人与人之间的关系，不过，正是这种凝聚能力，让他们具有较强的组织力。

④ 喜欢爵士舞的人：这种人大多出身富家，受到很好的教育，学识渊博，由于其高超的智慧，不经意间就表现出十足的幽默感，随机应变能力强，为人处世不拘小节。他们可以独处也可以群居，无论哪种情况，他们都不缺少乐趣。

（5）喜欢阅读

① 喜欢读时装杂志的人，追求时尚和潮流，讲究穿着打扮，对自己出手大方，但可能忽视内在修炼；

② 喜欢读言情小说的人，情感丰富，情绪化较强，想象力丰富；

③ 喜欢看武侠小说的人，富于幻想，追求新奇，内心有英雄情结，个别人性格偏执、倔强；

④ 喜欢看人物传记的人，崇尚成功人士，渴望像成功人士那样成功，野心勃勃，目标明确；

⑤ 喜欢看漫画书的人，通常童心未泯，性格开朗，容易接近；

⑥ 喜欢读侦探小说的人，想象力丰富，逻辑分析能力强，喜欢挑战有难度的问题；

⑦ 喜欢看恐怖小说的人，往往觉得生活太乏味，渴望追求刺激，猎奇心很强。

（6）喜欢收藏

① 喜欢收集书籍、杂志、报纸的人，热爱求知，上进心强，喜欢独处，自得其乐；

② 喜欢收集荣誉物品的人，比如，奖状、奖牌，通常对自己的现状不满，总是怀念曾经的自己，通过过去的荣誉，来抚慰自己的心灵；

③ 喜欢收集照片、明信片的人，感情比较丰富，喜欢怀旧，喜欢回忆过去的人和事；

④ 喜欢收集（旧）衣服饰物的人，大都爱美，喜欢打扮，想通过外表的打扮让自己成为众人关注的焦点；

⑤ 喜欢收集艺术品、古董的人，比较注重自身的社会地位和身份，有独特的品位和审美眼光；

⑥ 喜欢收集旧票据的人，有很强的组织和领导能力，做事细心，办事有条理，非常稳重。

（7）喜欢旅游

旅游可以增长见识，锻炼身体，开拓社交，欣赏到不同地方的风景，为生活增添更多美的色彩。爱旅游的人通常内心善良，性格外向，热爱交友，有一颗善于发现美的眼睛，懂得享受，喜欢追求自由，不甘于平淡的生活。

（8）喜欢盆栽

喜欢盆栽的人通常属于居家型的人，他们性格比较内向，不喜欢走出去亲近自然，而喜欢把植物放在盆栽里摆放在家里。他们内心细腻，情感丰富，做事细心，懂得照顾人，但比较敏感。

第二部分　社交行为心理学

——跟任何人都聊得来、处得好

四、识破谎言漏洞，躲开人际沟通的陷阱

在人际交往中，谎言无处不在，
一不小心我们就可能掉入他人的人际陷阱。
别担心，再完美的谎言也会露出蛛丝马迹，
只要细心观察说谎者的肢体行为，
我们就能识破各种谎言的漏洞和信号，
躲开人际沟通的陷阱。

识破说谎者的各种手势

手摸鼻子，是说谎的典型表现

触摸鼻子的手势被视为经典的说谎标志。美国芝加哥的嗅觉与味觉治疗与研究基金会的科学家们发现，当人撒谎时，人体会释放一种名为儿茶酚胺的化学物质，从而引起鼻腔内部的细胞肿胀，继而引发鼻腔的神经末梢传送出刺痒的感觉。于是，人就会本能地用手摩擦鼻子，以缓解鼻子以及周边的刺痒感。

美国的神经学者阿兰·赫希和精神病学者查尔斯·沃尔夫，曾经对克林顿向陪审团陈述证词的整个过程有过深入的研究，他们发现克林顿说真话时很少触摸鼻子。但是，只要他撒谎，他的眉头就会不经意地微微一皱，而且大概隔 4 分钟就触摸一次鼻子。在整个陈述证词期间，他触摸鼻子多达 26 次。

值得注意的是，触摸鼻子的手势并非全是因为撒谎，也可能是因为花粉过敏或感冒。那么，怎样判断鼻子是正常的发痒呢？其实这并不难。正常情况下，鼻子发痒时人必须用力地摩擦鼻子，而不像说谎时轻轻触碰鼻子。

除了触摸鼻子是说谎的经典标志之外，手部的很多动作都可能代表说谎。

用手捂住嘴巴，是担心别人识破他的谎言

（1）用手遮住嘴巴

当一个人下意识地用手遮住嘴巴时，表明他试图阻拦自己说出的那些话，为什么要这样？这很可能是因为他说出的是谎言。有时候，说谎者只用几根手指或者紧握的拳头遮住嘴巴，这与用手遮住嘴巴的意思是一样的。另外，在用手遮住嘴巴时，有些说谎者会假装咳嗽几声，以掩饰内心的不安。警察在审讯犯罪嫌疑人时，犯罪嫌疑人通常有这种举动。

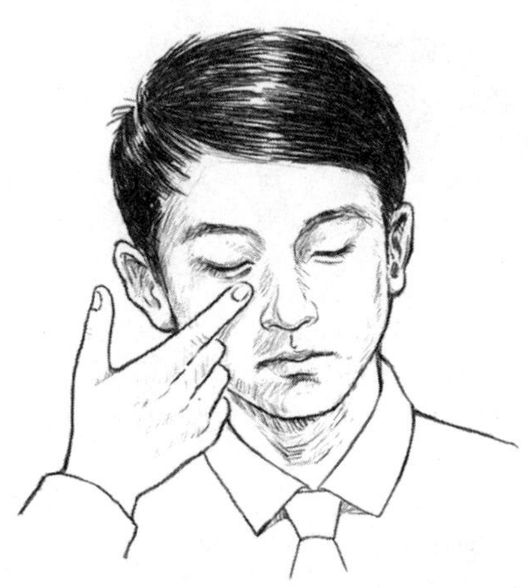

用手擦眼睛、鼻子、嘴角等地方，是说谎者的机械式肢体行为

（2）摩擦眼睛

当小孩子不想看到某个东西时，他会用手遮住眼睛。当成年人看到某件令人反感的事情时，尽管他嘴上说“很好”“不错”，但如果他做出了摩擦眼睛的动作，那说明他说谎了。例如，在素有礼仪之邦的英国，当人们不想对他人吐露真心时，往往会用这个手势加以掩饰。

人在摩擦眼睛时，是想掩盖自己的谎言。如果一个男人使劲地摩擦眼睛，同时把脸转向别处，那表明他想掩盖一个弥天大谎。相对而言，女人很少做出摩擦眼睛的手势，她们一般只是在眼睛下方轻微地触碰一下。

（3）抓挠耳朵

销售员对顾客说：“这个产品售价 4500 元！”顾客抓挠自己的耳朵，并把头转向一侧，然后说：“这也太贵了，这对我来说是很大一笔钱！”在这个情境中，顾客抓挠耳朵的手势表明他在说谎。所谓“非礼勿听”，顾客说了句谎言，这个谎言连他自己都不想听，所以，他才抓挠耳朵，以掩饰自己的内心。

和触摸鼻子的手势一样，抓挠耳朵也表明当事人处在焦虑情绪之中。抓挠耳朵的手势有多种变化，比如，抓挠耳郭背后，用指尖伸掏耳孔，拉扯耳垂，把整个耳郭向前方折叠，试图盖住耳洞等。这些手势的潜台词是：我已经听够了，我不想再听了。

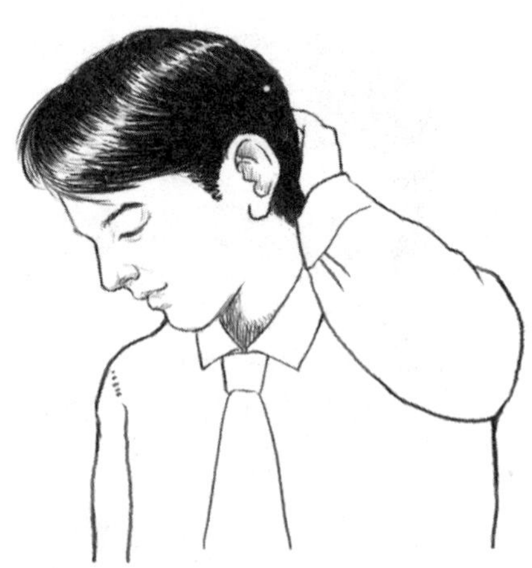

用手挠脖子，往往是在掩饰谎言

（4）抓挠脖子

抓挠脖子的微反应是，用食指抓挠脖子的侧面位于耳垂下方的那块区域。比如，有人对你说："我非常理解你的感受！"同时，他在抓挠脖子，那说明他并不理解你的感受。据心理学家观察，人们每次做这个手势，食指通常会抓挠五次，若抓挠次数少于五次或多于五次，那么这个手势代表疑惑、不确定的含义。

（5）拉拽衣领

生理学研究发现，撒谎会使人敏感的面部与颈部神经组织产生刺痒的感觉。于是，人们不得不通过摩擦面部与颈部来缓解刺痒感。

嘴含手指，是说谎者试图使自己平静下来的方法

（6）含手指

这个动作代表内心纠结，试图让自己平静下来。如果一个人在说话的时候做这个动作，很可能表示他在说谎。

此外，说话的时候如果紧握拳头，或紧握把手之类的东西，或紧握小玩意儿，或把手插在口袋里，也代表内心纠结、焦虑，这些动作是为了缓解内心的焦虑。同时，如果当事人所说的话与这种手势语不相符，那就说明他在说谎。

捕捉说谎者一闪而过的表情

表情是人生来就有的，而且能反映一个人的情绪和心理。小孩子哭闹时，代表他不舒服，哈哈大笑时，说明他很开心。但伴随着年龄的成长，人的表情越来越丰富，也越来越会隐藏表情了，这时如果你还简单地根据表情看人的内心，就很容易被假表情欺骗。

美国心理学家拜亚曾做过一项实验：他将人的愤怒、恐惧、诱惑、无动于衷、幸福、悲伤六种表情录制下来，再放映给别人看，让他们猜测各种表情代表什么感情。结果让人大吃一惊，猜对的表情不到两种。

这个实验充分说明，表情具有欺骗性。有时候，人的表情跟内心的情绪正好相反，原因是人在潜意识里不愿意让别人看出自己的心理变化，所以，他会用其他表情来掩饰自己的真实情感，刻意隐藏自己的喜怒哀乐。

但这并不代表我们无法透过表情看出他人的说谎行为，只要仔细观察他人的表情，就能察觉到一个人在说谎时的表情漏洞。下面我们就来看看人在说谎时有哪些表情漏洞。

（1）语言和表情不合拍

当一个人皱着眉头对你说“我爱你”，你千万别信以为真。因为皱眉代表不开心，而“我爱你”是一件很幸福的事情，这就是典型的语言和表情不合拍，是说谎的表现。同样，当人嘴里说“是”，却在轻微摇头时，也代表他心口不一。

（2）面部表情对事情的反应迟缓

当你送给别人一个礼物，对方收到礼物时表情没有喜悦，过了一会儿才对你说：“谢谢你的礼物，我很喜欢！”这也是说谎的表现。因为通常人在收到自己喜欢的礼物时，瞬间就会将喜悦表达出来，而说谎者的面部表情对实情的反应较为迟缓，他通常会滞后几秒钟，这代表他在说谎。

（3）惊讶的时间较长

一个人在听到一个自己不知道的事情时，他会很惊讶。真正的惊讶持续不到1秒钟，而假装出来的惊讶会超过1秒。瞬间的眼睛张大，眉毛上扬，表示惊讶，这是很难装出来的。

（4）面部抽搐

通常来说，面部表情肌肉是不会随意抽动的。如果你发现有人面部偶尔抽搐几下，即使这个过程很短暂，往往也能暴露他在说谎。

（5）面红耳赤

面红耳赤是形容人在害羞时的词语，但人在说谎时，由于心跳加速，血液涌进毛细血管，人会感到热，继而可能面红耳赤。因此，如果你断定对方不是因害羞而面红耳赤，那就说明他在说谎。

（6）脸部的肌肉运动集中在嘴巴部位

当一个人的表情并非发自内心时，他一般会把脸部的肌肉运动限制在嘴巴部位。而正常人在微笑时，会同时牵动下颌、眼睛和额头的部分。

（7）瘪嘴、舔嘴唇

瘪嘴是人下意识地试图让自己保持沉默的动作，说明他心里有事瞒着你，不知道该不该说。舔嘴唇是一种自我安慰的行为，能让紧张、焦虑的人保持镇定，这也是说谎者常用的表情。

目光无比坚定的人也可能说谎

语言可以说谎，但眼神不会。生活中经常有这种情况，有些人嘴上赞同，眼神里却流露出反对的神态。有些人花言巧语地蛊惑人心，可眼神却出卖了他。因此，通过观察一个人的眼神就可以看出他是否在说谎。

下面，我们就来看看人在说谎时眼神有怎样的微反应。

（1）瞳孔放得很大

瞳孔放大几乎是不可能作假的，大多数人说谎时，瞳孔会变大，这可以归结为紧张和注意力的增加。

（2）眨眼的频率发生变化

人们决定说谎时，眨眼的频率会减慢，并且在说谎的过程中保持低速。谎言结束后，会快速地眨动眼睛，有时候可达正常频率的 8 倍。这一点，哪怕是谈判高手，也难以掩饰。

（3）回避对视或盯着你

人在说谎的时候，由于心虚而不敢与别人的眼神对视。如果你问对方问题，对方在回答的时候眼神不敢与你对视，那很可能是为了掩饰内心的惊慌，害怕被你识破他的谎言而刻意地隐藏行为。比如，你向同事求助，同事说很乐意帮助你，但他在回答你时，似乎停顿了很长一段时间，而且他的目光始终停留在自己的电脑屏幕上，不与你的眼神对视，这表示他并非真的想帮你。

当然，高明的说谎者知道一般人在说谎时不敢看对方的眼睛，因此，他们会反其道而行之，刻意去盯着别人看，想看对方是否相信他的谎言。这样由于注意力太集中，眼球变得干燥，会频繁地眨眼睛，这就暴露了自己的谎言。

（4）眼神闪烁、飘忽

人在说谎时，由于大脑要集中在谎言上，双眼会看向别处，表现得眼神闪烁、飘忽，无法集中。而当两人对视时，说谎者会马上把眼神移开，这表示他内心有强烈的罪恶感，不敢与别人对视。

（5）眼睛看向右上方

心理学研究发现，大部分人在说谎时，眼球会向右上方看。而在试图记起曾发生的某件事时，人往往会向左下方看。这是因为人的右脑负责处理非理智的事情，左脑负责处理理智的事情。

举个简单的例子，假如女孩问男朋友："昨晚你干什么去了？"如果男朋友的眼睛向左下方看，表示他在回忆，这时他说的话是有可信度的。如果他的眼睛向右上方，表示他在创造、编造谎言。如果男朋友目不斜视地回答，那他不是记忆高手就是撒谎高手。

识破四种“皮笑肉不笑”的假笑

如果你想识破他人的谎言，那仔细观察他的笑容，一定会大有发现。心理学研究发现，人的笑容，特别是假笑里藏着许多谎言的信号，说谎者的笑容很少表现真实的情感，更多的是为了掩饰内心的真实情感。

下面，我们就来看看人在说谎时有哪些假笑。

（1）表情坚硬，强颜欢笑

当一个人出于礼貌，歪着头强颜欢笑时，往往是在说谎。如果对方笑时眼神不看你，嘴角微微上翘，那很可能表示轻蔑、不屑一顾。如果这时他嘴里说：“你真的很棒。”“你的方案真的很出色！”那多半是在说谎。

“总经理，这是我的设计方案，请您过目！”严云将精心策划了一周的广告设计方案交给总经理。

总经理眯着眼睛认真地看起来，看完后他笑着说：“这个设计方案很不错！一看就知道你是用了心的，辛苦了！”

严云注意到总经理的笑，似乎有些牵强，面部表情显得有些僵硬，笑的声音也人为地拖长，她知道总经理并非真心夸她。

果然，几秒钟后，总经理用手指指着策划方案对严云说：“你看这几处，如果能修改一下我觉得会更完美！”

严云一看，这几处都是她设计方案的关键地方，如果都做修改，那不就意味着她的方案面目全非吗？不过，总经理的意见还是要接受的，而且再怎么说，总经理没有直接否定她的努力成果，也算是维护了她的自尊，保护了她的工作积极性。

（2）面部表情呈不对称分布

美国匹兹堡大学心理学教授杰夫里·考恩发现，真正微笑的面部表情是均匀的，在面部两侧是对称的。它来得快，消失得慢。而假装出来的笑容来得慢，而且面部两侧不对称。

真笑是人内心真实情感的反映，产生于可以拉动嘴角向上的面颊肌肉。在这种情况下，面颊肌强有力地收缩时会拉长嘴唇，扯动整个面颊向上，使眼睛下的皮肤像口袋一样松弛，同时使人眼角下的鱼尾纹起皱，这种面部表情会呈对称分布。但是假笑正好相反，它不会像真笑那样让表情对称分布，最典型的表现就是眼睛周围的肌肉不会跟着面部一起运动，眼睛不会眯起来。

另外，有研究发现：人在假笑的时候，鼻孔两边的表情通常有些不对称。习惯于用右手的人，假笑时左嘴角会挑得更高；习惯于用左手的人，假笑时右嘴角会挑得更高。

（3）笑的持续时间很长

真实的笑容一般持续时间在 4 秒之内，具体持续多长时间，取决于当事人感情的强烈程度。而假笑则不同，由于它是伪装出来的，当事人害怕别人觉得自己的笑是假的，往往会刻意延长笑的时间，这反而暴露了他的内心。事实上，任何一种表情如果持续的时间超过 10 秒甚至是 5 秒，大部分都是假的。当然，一些强烈的情感，如愤怒、狂喜除外。

（4）笑得比较慢

真实的笑容是真情的本能流露，当事人在听到值得笑的事情时，瞬间就会绽放出笑容，这个过程非常迅速而短暂，但假笑则不同，它经常姗姗来迟。比如，你跟别人分享一件好笑的事情，对方迟疑了几秒之后，才哈哈地笑出来。那么，这个笑容很可能是假装的。

5.

别忽视说谎者那双紧张的腿

在人际交往中，人们总是习惯于关注他人的面部表情，却忽视了对腿部微动作的控制，于是，腿部动作就成为谎言的漏洞。

根据英国心理学家莫里斯的研究，人体中越是远离大脑的部位，对内心的反映越是可信。

通常来说，腿部有三种最基本的姿势。一是两腿分开，通常代表稳定、自信、有接受对方的意向；二是两腿并拢，通常代表严肃、拘谨、震惊，看上去郑重其事，但同时也给人一种紧张、压抑的感觉；三是两腿交叉，这是防御性的姿势，通常给人胆怯、害羞、抗拒、焦虑等印象。

此外，抖腿也是较为常见的腿部姿势。从生理学的角度上来讲，当人感觉身体某个部位不舒服时，会无意识地让这个部位动起来。比如，长时间地坐在椅子上，腿部麻木了，感到不舒服，就会不自觉地抖腿，活动一下腿脚。但是从心理学的角度来讲，当人长期处于某种心理状态下，比如，紧张、焦虑，人就会对这种状态感到不适，从而做出某种反应，以缓解这种不适感，抖腿往往是在这种情况下出现的。

徐鹏与朱总约好了见面时间，带着样品来到朱总的办公室。可就在徐鹏到达朱总办公室的前两分钟，朱总接到了岳父的电话，说是来到了他所在的城市，让朱总去机场接他。当徐鹏进入朱总的办公室时，朱总已经收拾好东西，准备离开。见到徐鹏后，朱总还是礼貌地说：“请坐！”

徐鹏拿出样品给朱总看。突然，朱总发现一些新的设计，就让徐鹏解释。但这些设计不是一时半会儿能解释清楚的，朱总见徐鹏半天没有讲完，就很着急，于是不自觉地抖起了双腿。

徐鹏看见朱总的腿部动作，知道他有急事，于是放下手中的资料，说：“朱总，您是不是有急事要处理？要不我们改天再约？”

朱总看到这一幕，不由得露出了轻松的表情，同时很不好意思地说：“真对不起，让你白跑一趟了，你还别说，我真的有急事，下次我约你！”

两天后，朱总约见徐鹏，还没等徐鹏讲清楚样品的细节问题，他就提出要签合同，而且一签就是个大合同。

在上面的事例中，朱总因为有事情要办，所以心里烦躁、焦虑不安，于是会频繁抖腿。聪明的人这时候应该询问对方原因，或者暂时停止谈话，等对方办完急事后再继续商洽。如果对方不便说出紧张、烦躁的原因，你可以结合他的言语和其他身体语言来揣测。

下面，我们就来看看除了抖腿，说谎者还有哪些常见的腿部行为。

（1）脚部转动的方向代表客户的关注点

心理学家认为，脚部转动的方向最能反映一个人的关注点，尤其是脚尖的方向，最能表达客户的内心。比如，你与客户交谈时，发现客户的脚尖没有对着你，而是对着门口，这意味着客户想离开。这时你应该结合客户的其他言行，思考问题出在哪里，并及时做出调整。

（2）一边做出肯定的回答，一边却频繁地踢脚尖

美国心理学家罗伯特·索马通过实验发现，当一个人被过多地侵入内心世界时，最初会用频繁踢脚尖的动作表达拒绝之意。如果你发现客户开始踢脚尖了，即使他嘴上对你说：“你请讲，我在听！”那你也应该清楚，对方已经心不在焉了，甚至开始抗拒你了，这时候你最好转换话题或结束谈话。

（3）跷手跷脚

这是经典的自我保护动作，通常是因为说谎者担心谎言被揭穿，才会做出这种防御性的姿势。当然，这个动作除了代表说谎的含义，还代表当事人心烦意乱，不想别人再烦他。

6.

身体向后退，是在掩饰紧张

心理学研究发现，一个人在说谎时，身体会下意识地后退，以便与质问他的人保持距离。这是一种防御性的身体姿势，当事人试图通过这种后退的举动拉开距离，让对方无法识破自己的谎言。

“华强，昨天有位客户打来投诉电话，说我们公司有位员工在服务时态度恶劣，服务不到位。据对方反应，当时我们公司有两位员工一同上门服务，是不是你和刘安？”空调公司的客服部经理找到空调安装人员华强，求证昨天上门服务的情况。

“啊，不会吧？哦，我不知道啊，昨天我没有和刘安出去安装空调！哦，反正我没出去，刘安出没出去我就不知道了！”华安支支吾吾，说话的时候身体向后退，似乎在有意与客服经理保持距离。

客服经理一眼就看出华强在说谎，当即拿出投诉记录，上面清清楚楚地写明了两位工作人员的姓名和工号，华强无言以对，只好乖乖承认错误，按公司制度的规定接受处罚。

如同上面的事例，华强不由自主地向后退，很明显是在掩饰说谎后内心的紧张。如果你在日常交往中发现对方在说话的时候，有意识地慢慢离你远去，那么，你应该明白，对方这个动作的潜台词就是：“你不要再问了！再问我就要露破绽了！”这说明他正在说谎。

除了“身体向后退，下意识地与他人保持距离”这个身体行为是说谎的信号外，人在说谎时还有以下几个谎言信号。

（1）单边耸肩

单边耸肩这个动作表示当事人对自己刚才说的话没有信心，是心虚的表现。如果你发现一个人说完话后一侧肩膀耸起，那表明他刚才说谎了，他说的话不可信。

（2）身体僵硬

通常来说，人在说谎时身体会不自觉地变得紧张，而且肢体动作明显变得僵硬刻板，甚至连手部动作都忘了去配合自己说谎。这是由于撒谎者出于本能的自我保护，而尽量让身体少占用空间造成的。

（3）呆若木鸡

我们知道，人在紧张时会坐立不安，有些人为了隐藏这种不安感，会刻意控制自己的身体，结果让自己变得呆若木鸡。这一点与身体僵硬有点类似，只是程度比它更深。试想，一个人如果心里没鬼，他为什么要极力控制自己的身体，不让身体暴露出不安感呢？所以，从这个角度来说，呆若木鸡的身体姿势是说谎的表现。因此，如果你发现有个人在说话时以及说话之后像个木头人似的一动不动，那他就有很大的说谎嫌疑。

（4）动作浮夸

人在说谎时，为了掩饰内心的恐慌、紧张，有时候会刻意地做出较大的动作，以掩饰自己的心虚。比如，说谎时生硬地提高嗓门，四肢的活动幅度变大，动作较为粗暴，甚至还故意咳嗽几声。这些举动的目的就是分散他人的注意力，不让他人把注意力集中在自己的话上。殊不知，这反而更容易暴露他的说谎行为。

（5）动作迟钝

有时候，人在假装发火或开心的样子，在说出了愤怒的话或高兴的话之后，会做个动作来配合。比如，为了表达愤怒，他先说几句愤怒的话，然后拍桌子。只可惜，假装的永远是假装的，说话与拍桌子之间有个明显的时间差，这个时间差就是说谎的信号。

突然滔滔不绝，是在掩饰谎言

一个人是否说谎，通过他说话的语速、语调以及说话方式的反常变化均能看出端倪。一个人在说话的时候，有太多的话语漏洞可以暴露出他的内心。如果你能识破说谎者的语言漏洞，就不会分不出谁在撒谎，谁在说真话了。

下面，我们就来看看哪些说话方式代表了说谎或有很大的说谎嫌疑。

（1）突然变得很健谈或变得不会说话

有些人能言善辩，却突然变得不会说话，比如，说话结巴、卡壳、不断推倒自己的话、重复自己的话，这很可能是说谎的信号。相反，有些人平时嘴笨，不怎么会说话，却突然变得滔滔不绝、高谈阔论起来，这也很可能是说谎的信号。

在一个心理座谈节目上，有位心理专家曾经说："男人如果在外面做了亏心事，回到家里往往会滔滔不绝地跟太太讲话，或者故作神秘地不理睬太太。"从心理学角度来看，之所以出现这种情形，往往是因为当事人内心充满了不安或恐惧情绪，试图通过滔滔不绝来释放这种情绪，或试图用压抑的方式将这种情绪彻底隐藏起来。对于这种反常的说话方式，聪明的太太往往一眼就能识破丈夫的谎言。我们来看一个生动的例子：

"你昨天干什么去了？怎么回家那么晚？"老婆清晨醒来，问老公。

"啊，昨天啊，昨天和几个同学在一起喝酒，然后大家说去 KTV，我们都喝多了，就玩到很晚才回来！有个同学还喝高了，吐得稀里哗啦的，我们一起送他回家，来回折腾，所以回来特别晚。你不知道啊，昨天那个同学喝了多少酒……"老公滔滔不绝地答道。

"那你为什么不给我发个信息？让我等了你那么久，而且打电话你也不接？”老婆有些生气地打断他。

“哦，我寻思着那么晚了，你肯定睡觉了，就没给你打电话！”老公非常从容地回答。

“我说的是发信息，发信息总不会打扰我吧！”老婆强调了一遍。

“啊，你说什么？发信息？现在谁还发信息啊？”老公故作镇定。

“拜托了，我说的是发微信，你又不是不玩微信？”老婆说到这里，已经知道老公在撒谎了。

还有一种情况是，人在说谎的时候，语速会不自然地加快，好让自己尽快把话说完。如果你发现一个人在回答你的问题时，语速一反常态地快，那他十有八九在说谎。当然，另外一个极端是，说谎者有时语速会比平时慢，他会小心用字遣词，生怕言辞前后矛盾，或害怕说错了再纠正，让人怀疑自己。

（2）音量、声调一反常态

一个人在说话的时候，如果他的音量、声调一反常态，突然升高或降低，同时伴有音调的颤抖、表情的紧张，那说明他正在说谎。有研究证实，人在说谎的时候，音调会不自觉地变高，还会闲扯、选择性地回答问题，比如，上文中丈夫避开发信息，只说怕打电话会打扰妻子休息。

（3）回答问题的反应时间异常

通常来说，人们很少会记住已经发生过的所有事情。如果你问他已经发生过的某件事的细节，他要去回忆，还可能反复纠正，这是正常的。比如，“我回到家，先打开电视看了一会儿，哦，不对，我先去卫生间洗了个澡，然后才坐在电视机前的。”

但是，说谎者有备而来，早已在头脑中把一切情景编排好了，他能记住所有的细节（假的细节、自编自造的细节）。当你提问他关于某件事的细节，乃至某一天他的经历时，他会快速、流利、有条不紊地说出来。而且他还会努力避免回答时说“我记错了”，以免暴露自己。

当然，如果你突然问他一个事先没有准备好的问题，他回答起来则需要更长时间，因为他要花些时间去编织谎言。对于这种情况，你只需要让他倒叙一下所讲述的内容，就会让他自乱阵脚。因为被编织的谎言在脑子里，往往不是按时间顺序来记忆的。

（4）用“我只说一次”提醒对方

有些人在回答问题时，会用“我只说一次”来表现自己的不耐烦，这是典型的掩饰性言论，言外之意是：你不要再问了，因为我说谎了，你再问我就可能暴露了。而没撒谎的人很清白，没有必要这样说。比如，男人在外面玩到很晚才回家，老婆问他干什么去了，他显得有些不耐烦，然后说“我只说一次……”

（5）略带惊慌失措的自言自语

撒谎者面对一个提问时，往往先有点惊慌失措，然后借假笑的时间迅速思考，编织一个较为低级的谎言，然后异常坚定地强调自己的谎言。而且，会伴有不受控制的自言自语，甚至越说越多。因为他害怕一旦沉默下来，别人会怀疑他，多说话不过是为了掩饰内心的焦虑和不安。

（6）本能地把自己剔除出去

人在说谎的时候，会本能地把自身剔除出去。比如，男人在外面玩到很晚才回家，妻子问他原因时，他不是说“我的车坏了，我在半路修车”，而是把“我”剔除掉了，说“车坏了，在半路修车”，这是典型的说谎信号。

（7）说话离题、转移话题

有些说谎者担心别人不相信自己，于是会胡扯，讲很多离题的事情。有些说谎者面对提问，无法提供合理的解释，就采取转移话题的办法避开对方的追问。如果你确定某人在说谎，你不妨仔细观察他的表情：一旦你转换话题，他会长舒一口气，如释重负。

（8）生硬地重复他人的话

当你提了一个问题，对方在回答时，生硬地重复你的问题，这也很可能是在撒谎。比如，你问：“你去过她家吗？”他回答：“没有，我没去过她家，我去她家干什么！”

第二部分　社交行为心理学

——跟任何人都聊得来、处得好

五、破译性格行为密码，跟任何人都处得好

“龙生九种，种种不同。”
每个人都有自己的性格特点，
于是有了不同的说话方式、行事风格。
破译每一种性格的行为密码，
我们就可以亲贵人、远小人，
找到跟他们沟通的正确方式，
跟他们说得来、处得好。

对完美型性格的人要多一些幽默感

有些人不管对人还是对事，不管是对自己还是对别人，都有很高的标准和严格的要求。他们凡事力求做到尽善尽美，即使已经做得非常出色了，仍然不满足，这就是完美型性格的人。让我们来看一个例子：

2004年，维纳斯·威廉姆斯在法国网球公开赛上取得17连胜的骄人战绩。在接受记者采访时，她说了这番感言："我还不够努力。有时候，我获胜心切；有时候，我求胜心又不够强；有时候，我不遵从教练指导；有时候，我不听从自己的安排。我讨厌在任何事情上犯错，不仅是球场上。"

很显然，威廉姆斯是一个完美型性格的人。不论是在球场上，还是在生活中，她都力求完美，不允许自己有丝毫的错误。

在人际交往中，完美型性格的人总是表现得很得体、礼貌，他们怕别人不在意自己，又怕别人太在意自己，因此显得很矛盾。他们严格遵循规则，对破坏规则的人嗤之以鼻，甚至深恶痛绝。

在生活中，完美型性格的人总是循规蹈矩，一丝不苟。他们会把家里的物品摆放得井然有序，他们甚至有洁癖，做事喜欢亲力亲为，不太放心把事情交给别人。所以，他们经常让自己疲惫不堪。

在日常生活中，完美型性格的人通常有以下几种表现。你可以对照这些行为表现，判断自己和身边的人是否为完美型性格的人。

（1）表情严肃，不苟言笑，缺少幽默感。

（2）衣着整齐，把家里收拾得很干净，所有东西会放在固定的地方。

（3）看不惯乱放东西，一面收拾，一面骂人，而且絮絮叨叨。

（4）不会说甜言蜜语，经常批评别人不好，喜欢鸡蛋里挑骨头。

（5）心思细密，内心敏感，注重小节，所以整天忙碌。

（6）做事有计划，不会盲目跟风，主见性很强。

（7）完美型性格的人看似很完美，实际上这种“完美”是一种典型的不完美，西方心理学家指出，过度追求完美是一种病态心理，对身心健康不利。

那么，如果你身边有完美型性格的人，你应该怎样与他们相处呢？

（1）你最好以理性、合乎逻辑，并且正经的态度和他们沟通，这样才容易获得他们的认同，因为通常来说，他们习惯于一本正经、不苟言笑，不喜欢嬉皮笑脸。

（2）你可以适当地表现一些幽默感，缓和你们之间的交谈气氛，缓和他严肃僵硬的表情，引导他放松心情。

（3）当你发现他莫名其妙地生气时，或是表现得无礼时，你不必太在意，不必追究他的态度由来，更没必要与他发生冲突。因为他的愤怒大多不是冲着你来的，可能只是无名火，也可能是针对其他与你不相关的事情。

（4）与完美型性格的人说话要真诚，要直截了当，因为他们十分敏感，加上他们判断力很强，对别人玩弄伎俩、背后动机看得很透彻。如果你试图以拐弯抹角的方式达到目的，只会令他们感到不屑甚至是厌恶。

切勿对助人型性格的人要小伎俩

助人型性格又叫全爱型性格，这种性格的人善解人意，热情善良。对于别人的求助，他们几乎不会拒绝，即使抽不出时间，他们也会牺牲自己成全他人。他们发自内心地愿意付出爱给别人，当看到别人满足地接受他们的爱时，他们会觉得自己活得很有价值。

在日常生活中，助人型性格的人通常有以下几种表现。你可以对照这些行为表现，判断自己和身边的人是否属于助人型性格的人。

（1）很多人都喜欢找他们谈心事，向他们倾诉苦闷。

（2）他们内心善良，很有耐心，慷慨大方，人缘很好，朋友很多。

（3）对别人充满包容之心，懂得关爱别人，同情别人，几乎不批评别人。

（4）喜欢取悦于他人，但也有很强的占有欲，心里有一本感情账本。

（5）喜欢被人需要，喜欢被人依赖，他们认为被依赖就是被看重，那就是幸福的。

（6）当他们的付出别人不接受或因为客观原因没有收到，他们会很难受，会有挫败感。

对于助人型性格的人来说，助人是快乐之本。他们通过热心地帮助别人来肯定自我，他们希望以此得到别人的接纳和欣赏，当别人来找他帮忙时，他们的内心会有一种骄傲感和自豪感。因为可以得到满足，所以他们会继续热心地帮助别人。有时候，这份热心会给他身边的人造成困扰。

在一个心理访谈节目中，女嘉宾苏丽说：“我结婚已有两年多，老公是一位事业单位的员工，平时喜欢帮助别人。我们恋爱时，我的父母觉得他为人热心、真诚、善良，是个值得托付终身的人。但是跟他结婚这两年来，我实在受不了他那种过分的热心。”

主持人好奇地问：“什么叫过分的热心？”

苏丽说：“他对周围的人热情过度了。朋友有事他肯定要帮忙，朋友没事他也会经常打电话或去串门，看看人家需要他做些什么，他每天除了上班，休息的时间几乎都在为别人忙碌。比如，邻居要去火车站，让他开车送一下，他马上饭也不吃，就出门了；朋友的小孩放学了，朋友没时间去接，让他去帮忙接孩子，他也非常高兴地去了。”

主持人说：“这么热心的老公多好啊，怎么你忍受不了呢？”

苏丽说：“因为他只知道为别人忙前忙后，家里的大事小事他从来不管不问。他帮别人做这做那，也不是为了报酬，甚至有时候还要倒贴钱，但是别人夸他几句，或是感谢他的时候，他会非常自豪。说真的，我很看不惯他这样，对他的行为非常鄙视！他经常批评我，说我小气，真的是我小气吗？还是他热心过度呢？”

如果你像上面例子中的苏丽一样，身边有助人型性格的人，除了接纳他们，感激他们为你所做的事，还应该怎样与他们相处呢？

（1）委婉地提醒他们：不必刻意去帮你，千万别因为帮你而耽误自己的事情。

（2）当你拒绝他们的好意时，记得说明原因，包括你的感受。这样他们才不会觉得被否定了，才不会有受挫感。

（3）当你想为他们做些事情时，最好告诉他们：这样你也会快乐。

（4）当你发现他们显得情绪化，若有所思或急性子时，你不妨询问他们遇到了什么事情，有什么需要帮忙的。

（5）对他们要真诚而直接，切勿对他们耍伎俩。因为他们厌恶这种不坦诚的行为，一旦被他们发现，他们会认为你不够朋友，继而远离你。

（6）真心实意地关心他们在生活、工作中遇到的烦恼，不要让他们将焦点转移到你的身上。

对成就型性格的人要多些溢美之词

有个麻省理工的年轻人，他一门心思地“拼功课”，对于学习之外的社交活动都不感兴趣。在念硕士的两年与博士第一年，他的每一门学科都拿下了漂亮的A——最高的分数。一门学科拿A容易，科科都拿A，实属不易。

付出有了回报，他内心感到很欣慰，他也一直以为自己的导师会为他高兴。直到有一天，他终于碰到了“大铁板”——有一门陌生的必修课。他上了几个月的课，还是没有掌握到核心知识，他心里清楚，如果考试的话，及格绝对没问题，但肯定拿不到A。

在这种情况下，他做了一个令人不解的决定：期末考试前，毅然退选这门课，为的就是避免成绩单上出现非A成绩。老师和同学们十分不解。

生活中，我们经常会遇到像上面事例中的年轻人，他们好胜心强，重视目标达成，渴望事业有成，这种人属于成就型性格的人。

与助人型性格的人不同，成就型性格的人认为，一个人的价值存在于成就，而非个人的本身或感觉。为了获得成就，他们拼命地工作，上学的时候可能会去图书馆打工、编辑校刊、开展社团活动、主持学生会，参与各种能够证明他们价值的工作。

在日常生活中，成就型性格的人通常有以下几种表现。你可以对照这些行为表现，判断自己和身边的人是否属于成就型性格的人。

（1）有良好的口才，是天生的演说家；才华横溢，具有领袖气质。

（2）重名重利的现实主义者，重视自己在人前的表现。

（3）经常夸奖自己做得好、干得漂亮，懂得自我欣赏，也有些自我膨胀。

（4）在交往中，喜欢占据主导，喜欢说，不喜欢倾听。有时候得意忘形，会忘记别人也有心声。

（5）做事追求效率，注重结果，善于找方法，走捷径。

（6）希望在人群中赢得大家的关注，喜欢扮演主角。如果被别人忽视了，他们会沮丧、生气。

成就型性格的人害怕亲密的关系，这不代表他们没有朋友，只是当友情深入时，他们因为害怕真面目被看穿而有意选择逃避。因此，对于成就型人来说，与之建立亲密关系是不容易的。那么，如果你身边有成就型性格的人，你应该怎样与他们相处呢？

（1）除了给他们欣赏，还是给他们欣赏，因为你若批评他们，只会逼着他们更卖力地“演出”。

（2）想让他们改变看法和做法，你只需让他们认识到，你的想法和做法能帮他们得到更好的结果。

（3）当你发现他们目标转移太快、步子迈得太大时，你不妨提醒他们是否有必要放慢速度，并告诉他们原因。

（4）如果你喜欢他们，并且乐于陪伴他们，请亲口告诉他们。

（5）对他们的勤劳付出和不懈努力表达理解和体谅，同时要认可他们的成就，肯定他们的价值。

（6）当他们很忙时，请接受他们对工作的狂热。等他们忙完了，你再告诉他们你的担忧。比如，妻子可以对成就型性格的丈夫说：“这样忙下去你身体怎么吃得消？要不明天休息一天，陪我逛逛街？我想你陪我！”既表达出对老公的关爱，又能让老公放慢工作节奏，让身心得到缓冲。

4.

和观察型性格的人保持君子之交

在生活中，利斯特没什么朋友，他也不喜欢社交活动。在人群中，他是一位孤独的旁观者，似乎永远融不进群体。但只要有人跟他谈论挑战性的思想及探讨人性的话题，他深奥的理论就会让人折服，而他自然也是乐此不疲。人们很奇怪：原本沉默寡言的他，每次谈论这类话题就变得非常健谈，好像不知道累似的。

家人不能忍受利斯特的是，杂物堆积如山却不收拾，连一张旧报纸都视为宝贝，没有一样值钱的，却不肯丢掉。他每天回到家，就钻进房间里捣鼓一堆旧书籍、器材、数据等，简直就是怪人。他每天跟计算机打交道的时间最多，根本不需要娱乐，也不需要打扮。这种生活使他节俭成性，不修边幅。但奇怪的是，他讲起话来却温文尔雅，待人处事礼貌客气。

利斯特是一个理性、冷静、客观的人，是一个典型的观察型性格的人。观察型性格的人喜欢冷眼看世界，喜欢分析思考。他们凭借获取的知识来了解环境和周遭的事物，喜欢总结事物的规律，找出事情的脉络与原理。他们有很强的分析与组织能力，充满创意和革新精神。他们不喜欢自己的空间受到骚扰，也不会入侵别人的领地，喜欢与人维持“君子之交淡如水”的关系。

在日常生活中，观察型性格的人通常有以下几种表现。你可以对照这些行为表现，判断自己和身边的人是否属于观察型性格的人。

（1）沉默寡言，好像与世无争，又好像不会关心别人一样。

（2）无神论的代表，他们对有神论者充满不屑，认为一个看不到、摸不着的神居然什么都知道，太荒唐可笑。

（3）喜欢独自工作，能够完全投入到自己的世界，习惯于独来独往，能够走入他内心的朋友少之又少。

（4）看似非常冷漠，实则非常害羞，你休想跟他们成为朋友，即便有几次点头之交，那也不代表他们接纳了你。

（5）对宇宙世界、哲学文化、人性的问题等高深莫测的东西充满探索精神，经常觉得生命很荒谬。

（6）经常和别人的意见不合，但又缺少争辩的胆识和度量，只好在内心认定自己的观点是对的。

对照以上表现，如果你身边有观察型性格的人，你应该怎样与他们相处呢？

（1）当他们说话时，你要认真倾听，表现出感兴趣或不惧威胁的样子，这样他们才会充满兴致地讲下去。否则，他们讲着讲着就可能退缩，声音越来越小，越来越没自信。

（2）尊重他们的底线，不要未经许可侵入他们的空间，探听他们的隐私，或对他们表现依赖感。

（3）他们喜欢事先准备好的感觉，所以事先给他们充分的提醒很有必要。比如，你想跟他们谈话，那么不妨提前告诉他们，让他们心理上有个准备。

（4）给他们单独的时间去做决定，不要催他们，不要给他们施压。

（5）当你希望他们做某件事时，请选择合适的表达方式，要用“请求”，而非“要求”。

（6）当你发现他们表现得傲慢、疏离或愤怒时，那可能是因为他们感到不舒服，而非针对你。

（7）当你发表意见时，不要期待他们会在感情上大肆回应你，你很可能只会得到羞怯、含蓄或更糟的反应。

5.

小心！忠诚型性格的人疑心病重

寒冷的冬夜，本森医生开车出诊，会诊目标是一个快要分娩的妇人。途中，他发现有个矮小的男性沿着公路边顶风行走，就请他上车，决定带他一程。

上车后，路人向本森医生要了一支烟并点燃了。过了一会儿，他又对本森医生说："如果你不介意的话，我想再拿一支烟待会儿抽。"还没等本森回话，他就从烟盒里取出了第二支烟，然后动作麻利地把烟盒放回本森医生的外套口袋。正是这个举动，让本森医生产生了怀疑，他认为这个陌生人很可能是个惯偷。

突然，本森医生想起病人，便伸手去摸衣兜里的手表，这才发现手表不见了。他故作镇定，慢慢地把手移动着，小心翼翼地伸向座位后面，缓缓地抽出手枪。然后，疾速刹住车，把枪口冲着埃文斯："把那只表放进我的衣兜！"

埃文斯吓得尖叫起来，慌忙地举起手："上帝啊！先生，您这是干吗？"

本森医生厉声说道："别废话，赶快把那只表放进我的衣兜，否则我要开枪了。"

埃文斯伸手从背心的口袋拿出一只表，本森医生接过手表，然后怒气冲冲地将埃文斯赶下车。

还好，这一切没有耽误什么时间。当他来到病人家里时，不一会儿病人就顺利产下了孩子。这时本森医生跟病人家属讲起了路上的遭遇，并带着几分得意，从口袋里拿出手表。突然他怔住了，他发现手中的表并不是自己的手表，上面赫然镌刻着几个字：赠给救护车队员埃文斯，再摸另一只口袋，发现自己的手表安然躺在里面。

这是一个很有意思的故事。故事中的本森医生怀疑埃文斯是小偷，在发现手表不见了时，他做出掏枪夺回手表的举动，可后来他发现，这是一个天大的误会。显然，本森医生的行为是多疑的典型表现。

生活中，有一种人生性多疑，他们做事小心谨慎，不轻易相信别人，这种人就是忠诚型性格的人。忠诚型性格又叫疑惑型性格，这种性格的人喜欢关注潜在的伤害、危险、威胁，并主观地放大危险、伤害。在陌生的环境中，他们感到紧张，没有安全感。

在日常生活中，忠诚型性格的人通常有以下几种表现。你可以对照这些行为表现，判断自己和身边的人是否属于忠诚型性格的人。

（1）有时可爱逗趣，有时粗野暴躁，令人难以捉摸。

（2）一会儿欣赏自己、相信自己，充满权威感，一会儿优柔寡断，依赖别人。

（3）有时候非常顺从，有时候又非常抗拒，性格极端矛盾。

（4）胡思乱想太多，又无法做出决定，采取行动对他们来说是困难的事情，回答问题更是缓慢。

（5）情绪化严重，因为受到焦虑的影响，常常无法干脆利落地做出重大决定。

（6）在合作中，当别人不努力时，他们会一边骂，一边做。

那么，如果你身边有忠诚型性格的人，你应该怎样与他们相处呢？

（1）请记住他们有一颗多疑之心，如果他们不相信你，请别放在心上。

（2）在交流中，认真倾听他们，并承认你明白了他们的意思。否则，你将无法取得他们的信任。

（3）与他们沟通时，说话要注意措辞，切忌说一些有歧义的话，因为他们很容易理解出不好的意思。

（4）如果你喜欢一个忠诚型性格的人，你不妨以一种不动感情的方式，向他表明你对他的爱——行动胜于言语。

（5）当他们盛怒时，你应该回避，等对方情绪平静时再去处理。

对领袖型性格的人最好坦诚相待

电视剧《大宅门》中的白景琦，从小就深受母亲的影响，相信一个道理，那就是强者受人尊敬，弱者被人欺负。

小时候，他和堂兄弟及其他同龄人玩耍时，见堂兄弟欺负弱小的孩子，他会毫不犹豫地挥起手中正在把玩的刀，追砍欺负人的堂兄弟。

长大后，有位小无赖借着手握白家的秘密，经常威胁白家，在白家作威作福。白景琦为了白家全局着想，对这个无赖忍气吞声不说，还好吃好喝地招待着。当无赖看到大宅门里的一个漂亮女孩时，就无礼地上前搂抱，众人不敢阻拦这个无赖，唯有白景琦忍不了，他把那个无赖狠狠地收拾了一顿。

后来，白景琦因惹事被母亲赶出家门。他远赴济南，那边原本有当官的亲戚，但他不去投靠，而是凭借自己的双手白手起家，取得了巨大成功。

像白景琦这样的人，正义感强，会为弱者鸣不平；自尊心强，宁可受苦也不投靠他人；敢想敢做，是绝对的行动派。这就是领袖型性格的人。

领袖型性格的人追求权力，讲求实力，有些独断，具有攻击性。他们能够敏锐地觉察到权力所在之处，使自己免受他人的控制。他们有强大的支配能力，懂得忠诚地运用自己的力量，并毫不妥协地去做有价值的事情。但他们通常对生活和事业抱着“一不做二不休”的态度，有时会让自己陷入被孤立的境地。

在日常生活中，领袖型性格的人通常有以下几种表现。你可以对照这些行为表现，判断自己和身边的人是否属于领袖型性格的人。

（1）乐观进取，自信心爆棚，对自己的意志和能力从不怀疑。

（2）相信天下无难事，遇到问题时，不会把时间浪费在唉声叹气上，而是会立即寻找解决方案。

（3）非常独立，不喜欢求人，你也可以说他们自尊心强，抹不下面子去求人。他们的信条就是“求人不如求己”。

（4）不喜欢拖泥带水，做就做，不做就不做；行就行，不行就不行。做任何事情都喜欢简洁明快、干净利落。

（5）享受挑战高难度目标的过程以及成功之后的感觉。

（6）懂得“物竞天择，适者生存”的道理。

（7）遇强则强，愈挫愈勇，谁都别想一下子击溃他们的斗志。

（8）充满正义感，对家人和朋友有极强的保护欲。

那么，如果你身边有领袖型性格的人，你应该怎样与他们相处呢？

（1）当你有要求和想法时，直接告诉他们，不要磨磨唧唧，拖泥带水。

（2）跟他们说话时，尽量说重点，这样他们才不会不耐烦，并愿意听你继续陈述。

（3）与他们相处时，你可能会与他们发生争论或遭受他们的攻击。如果你讨厌这种感觉，你可以直接表达出来。

（4）要尊重并欣赏他们，千万不要取笑他们，否则他们会快速反击，而且不会轻易宽恕你，因为他们觉得被羞辱了。

（5）对他们要坦诚，而不要说谎，除非你不在乎被他们攻击。

（6）不要直接告诉他们的错误，而要用鼓励性的口吻跟他们讲。

（7）当他们发怒时，你千万不要与他们硬碰硬，否则，只会弄得你遍体鳞伤。

（8）接受他们的“咆哮”，记住，那不是针对你本人的攻击，而是就事论事。

和平型性格的人容易相处但有惰性

黄萍是个性格温和的人，她做事不紧不慢，说话声音不大不小。与人相处的时候，她总是面带微笑，很少有急躁、愤怒的时候，一般人都觉得她很好相处。在工作中，她不轻易发表意见，一旦发表意见，则是经过深思熟虑的，所说的话往往是问题的症结，这一点让同事们非常佩服。

可是，她的很多行为往往令人感觉像是逃避。无论人际交往中的纠纷，或是工作上遇到的困难，她都会用一种鸵鸟心态去应对，能拖延就拖延，能不做就不做。她以为不去解决，问题会自动消失，殊不知，逃避并不是解决问题的办法。

上面事例中的黄萍是一个和平型性格的人，这样的人个性淡泊，不自夸，不爱出风头。他们喜欢和谐而舒适的生活，在与人相处时，他们会避开冲突和紧张，以维持和谐的人际关系。他们会忽视让自己不愉快的事物，并尽可能地让自己保持平稳、平静。

和平型的人在很多情况下都是“和平使者”，他们个性温和、待人随和，很容易了解别人，却不是太清楚自己想要什么，会显得优柔寡断。相对地说，他们的主见性较差，宁愿配合其他人的安排，做一个很好的协同者，所以他们往往是被动者。举一个例子：

一个和平型性格的人乘坐飞机，飞机上有免费的饮料。服务员问他：“你要什么饮料？”他往往会说：“随便。”如果服务员态度不好，回应一句：“没有随便！”恰好这时旁边有个乘客说：“我要一杯橙汁！”和平型性格的乘客也会马上跟着说：“给我也来杯橙汁吧！”

和平型性格的人似乎永远不会主动给别人带来麻烦或制造伤害。在日常生活中，和平型性格的人通常有以下几种表现。你可以对照这些行为表现，判断自己和身边的人是否属于和平型性格的人。

（1）温和、平稳、冷静、遇事不急躁，不慌不忙，功劳面前不争不抢。

（2）喜欢听别人的安排，不爱发表意见，做事不主动。

（3）被人骂了，他们也不怎么辩解，顶多问句："骂完了吗？""气消了吗？"

（4）注重倾听别人，也有同理心，而且不乱传话，不八卦，是倾诉心事的好对象。

（5）对自己要求不高，对别人要求也不高。别人对他们提要求时，他们往往漫不经心，一副不在乎的样子。

（6）动作缓慢，拖拖拉拉，谁也不知道他在磨蹭什么。

那么，如果你身边有和平型性格的人，你应该怎样与他们相处呢？

（1）认真倾听他们说话，并让他们知道：你对他们的观点很欣赏。

（2）不要把他们的迎合视为认同，也许他们只是在做"应声虫"，内心并没有认同你。因此，你不妨询问他们的真实想法。

（3）他们的注意力非常分散，你可以用发问的方式帮他们集中注意力。

（4）若想知道他们的想法，那你最好先营造一个宽松的空间，让他们感到轻松自在，他们才可能说出自己的想法。

（5）对他们做到的事情表达肯定和欣赏，而不要将关注点放在他们做不到的事情上。

（6）不要认为他们性格软弱好欺负，他们并非软弱，只是不想强硬。所以，不要对他们下命令，而要温和地提醒；不要催促他们做决定，而要给他们时间。

8.

别跟自我型性格的人一条道走到底

在一部名叫《犯罪现场调查》的美剧中，Horatio是迈阿密犯罪现场鉴证科的一把手。剧中讲述Shane一家四口从加拿大来到美国迈阿密旅游。这个过程中，哥哥Brina不幸被杀，弟弟Shane一心想为哥哥报仇，私下调查犯罪嫌疑人，背地里袭击了他认为的犯罪嫌疑人Luis。但结果被证实，Luis并非杀他哥哥的凶手，而是另有其人。

很自然，Shane被起诉了，很可能会被判故意谋杀罪。Horatio看在眼里，不由得对Shane产生了强烈的同情。于是，他私下把Luis约出来，恳求他不要起诉Shane，他承诺出资解决Luis的生活困难……

按理说，Horatio与Shane非亲非故，而且Shane确实故意伤人在先。作为犯罪现场鉴证科的一把手，Horatio只需秉公办事，但他出人意料地暗中帮助Shane。这充分体现了Horatio重感情、比较情绪化的自我型性格。

自我型性格的人常常觉得自己与别人不同，是不平凡的。他们感情丰富，思想浪漫前卫，又富有创意，拥有敏锐的感觉和审美眼光。他们追求自我感觉，习惯于把关注的重点放在人际关系上。虽然他们对工作也有很高的期望，但会始终把寻找理想的伴侣放在第一位。

自我型性格的人比较情绪化，害怕被人拒绝、被人误解。他们有强烈的占有欲，有着我行我素的生活作风。他们喜欢跟别人讲不开心的事情，容易忧郁、妒忌。他们心情不好时喜欢独处，独自处理不开心的情绪。

在日常生活中，自我型性格的人通常有以下几种表现。你可以对照这些行为表现，判断自己和身边的人是否属于自我型性格的人。

（1）情绪化严重，喜怒哀乐等各种情绪的转化非常快，喜欢用幻想来增加自己的情绪，并很享受这种感觉。

（2）有些沉默，有些害羞，活在自己的情绪感受中，不易被人理解。

（3）经常一副忧郁的表情，充满痛苦又内向害羞。

（4）与人初次见面时，他们往往表现出冷漠、神秘又高傲的样子。

（5）容易被生活中不寻常的东西吸引，活得像一朵云那样飘忽不定，让人难以捉摸。

（6）常常觉得心好累，却不愿意向他人诉说，相反，还会刻意把自己的心与别人隔离开来。

那么，如果你身边有自我型性格的人，你应该怎样与之相处呢？

（1）给他们理解、认同和配合，让他们感受到你的支持，这样他们会感觉舒服点。

（2）当你想得到他们的帮助时，不妨直截了当表达需求。虽然他们看起来总是热衷于自己的事情，但实际上很乐意帮忙。

（3）在与他们交往的过程中，适时让他们知道你的感觉、反应和想法。

（4）当你感觉到他们正处于某种情绪中时，你可以询问他们此刻的心里感觉，引导他们把这种情绪表达出来，让他们更容易恢复平静。

（5）对于他们富有创意又独创的观点、行为和贡献要大加赞赏。记住，称赞他们的行为和动机，胜于称赞他们所取得的成果。

（6）他们对自己的评价不高，因此，你要给他们一些正面的评价，表达你对他们的在乎和重视。

（7）鼓励他们活在当下，或利用写作、艺术、音乐、舞蹈等去表达创意，或鼓励他们找一份有意义的工作，发挥聪明才智去做好，避免他们沉迷于幻想的世界中。

9.

享乐型性格的人不是事业的好伙伴

黄婷活泼开朗，外向大方，喜欢与周围的人打交道。在路上看到陌生人，如果觉得顺眼，她也会微笑着搭讪。她兴趣十分广泛，旅游、登山、K歌、聚会、打麻将、追剧，等等，她都会乐此不疲地参与其中，并常常是最活跃的一员。

她喜欢尝试新鲜的事物，渴望从新鲜事物中获得刺激和感官享受。与此同时，她常常回避痛苦。如果她面前摆着两件事，一件事是聚会K歌，另一件事是即将要交差的工作（她还未完成），那她会毫不犹豫地选择前者。

她的娱乐时间占据了她上班之外的大部分时间，她害怕自己的时间被别人占用。遇到不想做的事情时，会一推再推。即使要做，那也先从自己感兴趣的事情做起。如果发现不感兴趣了，她会放弃，为此她会给自己找很多冠冕堂皇的理由。

事例中的黄婷是典型的享乐型性格的人，享乐型性格又叫活跃型性格。享乐型性格的人不喜欢遵守规矩，不喜欢被人管束，他们喜欢自由自在、无拘无束的生活。他们喜欢不停地活动，如果让他们独自一整天待在家里，他们会觉得这是一种折磨。

享乐型性格的人做事没有耐心，注意力不容易集中，很容易被打扰。他们做事缺少计划，想做就做，不想做就不做。只有当他们遇到十分感兴趣的事情时，才会真正静下心来，沉迷其中。但遗憾的是，这种感兴趣的事情，多半是他们觉得好玩的事情，很少是工作上的事情。

在日常生活中，享乐型性格的人通常有以下几种表现。你可以对照这些行为表现，判断自己和身边的人是否属于享乐型性格的人。

（1）喜欢充满新鲜感、多变的生活，讨厌烦闷、无聊的生活。

（2）对五官的感觉特别迷恋，追求好看的、好吃的、好玩的东西，喜欢身体的触觉刺激，纵情于娱乐活动之中。

（3）他们永远乐观地看待明天，相信明天会更好。

（4）喜欢自由自在、无拘无束，不喜欢有任何限制。

（5）有需要时，希望立即得到满足，忍受不了等待的滋味。耐不住寂寞，经不起诱惑。

（6）比较懒惰，本该做的事情，他们只要躲得过，都会让别人去处理，所以容易与人起冲突。

（7）非常聪明，富有才华，学习力很强，学什么都比别人快。

那么，如果你身边有享乐型性格的人，你应该怎样与之相处呢？

（1）当你要求他们做一件事时，一定要搞清楚他们是承诺你还是答应你。比如，你问他“能帮我把这个问题解决了吗？”他虽然回答：“好的。”但可能迟迟不开始行动，或者做了一会儿就放弃了。因为他可能只是答应你去做，而没有承诺你什么时间做好，或是一定要做好。

（2）加入他们的交谈中，去分享他们的喜悦。

（3）倾听并欣赏他们远大的想法，即使你觉得那是痴心妄想，也没必要说破。

（4）不要批评或给出负面指示，而要用中性字词来建议他们。

（5）若无必要，就不要给他们限定时间，让他们觉得受到了约束。

（6）当他们逃避困难时，你不妨提醒他们：不正视问题，并不代表问题就不存在。

（7）可以的话，不妨偶尔融入他们的世界，陪他们做梦。

（8）他们想到什么就会说什么，说了之后可能自己都忘记了。所以，对于他们的承诺不要轻易相信。当他们真的失信于你了，请宽容他们。

第二部分 社交行为心理学

——跟任何人都聊得来、处得好

六、洞悉他人真实意图的七种行为反应

在人际交往中，
很多人会习惯性地掩饰自己的真实意图。
但事实上，
伪装得再好的人也会通过各种不经意的行为
暴露出真实的想法。
捕捉好人际沟通中常见的七种行为反应，
你就能看清对方的真实意图，
提前做好应对之策。

嫉妒反应：心理不平衡，动作就会带刺

人都有欲望，当自己的欲望无法满足，而见到别人与自己类似的欲望得到满足时，有些人就会把自己的负面情绪转移到他们身上，这种心态就是典型的嫉妒。由这种心态产生的一系列的反应，就是嫉妒反应。

大学生陈飞跟异地的女朋友胡萍煲电话粥时，电话那头忽然传来了她室友的声音，对方很不客气地对胡萍说："有完没完啊，打了这么长时间，还让不让人看书学习了？请到走廊去打电话！"

陈飞在电话这边听到这些话后有些气愤，大学寝室本来就是放松的地方，要看书学习干吗不去教室？于是，跟胡萍说："你把电话给她，我跟她谈谈。"

谁知胡萍竟然乖乖地披上外套，去了走廊，她在电话里告诉陈飞："我的室友平时很随和的，今天脾气不好，是因为她男朋友跟她分手了，所以见不得我们这对恩爱的情侣卿卿我我。"陈飞恍然大悟，刚才的气立刻消了。

在上面的案例中，为人随和的室友，在被男朋友劈腿后，对秀恩爱的胡萍产生了不满，这是为什么呢？很简单，因为这是人类一种奇妙的心理反应——嫉妒反应。

嫉妒是一种极为复杂的负面情绪，它往往是动态的、多样的。也许一开始是羡慕，到后来就发展为仇恨，再后来甚至发展为攻击。为什么会攻击？因为嫉妒会使人产生仇恨和焦虑，当这种负面情绪得不到缓解时，就很容易爆发出攻击行为。

（1）攻击行为是嫉妒心态的典型反应

有两家相邻的服装店，其中一家在拐角处，另一家在街边。两家店卖的都是女装，且基本上为同一类风格，但奇怪的是，顾客大多喜欢去拐角的服装店买衣服。看着拐角的服装店生意那么红火，街边那家服装店的老板娘心理极不平衡。

这天，一位女士来街边的服装店买裙子，她看好了一个样式，问了价钱之后，什么也没说就走了。然后，走进了拐角的那家店，不到三分钟就提着那款相同的裙子出来了，还边走边回头跟店老板娘告别。

街边服装店的老板娘看不下去了，立即把那位女顾客大骂一顿。那位顾客脾气也不小，而且觉得自己没有错，转身就和她大吵了起来。眼看冲突就要升级了，拐角服装店的老板娘就出来劝架。

这一劝架坏事了，彻底激怒了街边那家服装店的老板娘，她顺手抄起门边的一个撑衣杆，朝着拐角服装店的老板娘头上就是重重一棍。拐角服装店的老板娘被猛地一击，当场昏迷，送到医院，被鉴定为轻度脑震荡……

后来，在多方的调解下，两位老板娘达成了和解，打人的一方给被打的一方赔礼道歉，并赔偿医药费，此事就这样了结了。

攻击行为是嫉妒心态的典型反应。在这个例子中，街边服装店的老板娘因嫉妒隔壁服装店生意好，冲动之下，做出了攻击行为，这就是因嫉妒生恨，再因恨生攻击。

古话说：“木秀于林，风必摧之；行高于人，众必非之。”这充分反映了一种大众普遍的心理：对于那些比自己优秀、比自己过得好的人，很容易产生嫉妒之心。这种嫉妒之心，通过怨恨、排挤、诋毁、阴谋、暗算、攻击等方式表现出来，在某种程度上能抚慰嫉妒者的失意之心，让他心理上暂时获得的平衡。

（2）蔑视是典型的“吃不到葡萄说葡萄酸”的心态

当仇恨无法转变成言语上的诋毁和行为上的暗算、攻击时，嫉妒往往会通过蔑视表现出来。人在因嫉妒而蔑视别人时，脸上往往会有典型的厌恶反应——撇嘴、皱眉、嘲笑。

从严格意义上来说，蔑视是一种虚伪的嫉妒反应。因为你只看到当事人故作轻松的蔑视和厌恶，好像他对别人的优越无所谓一样。而实际上，他非常在意自己不如人，非常仇恨别人比自己优越。这就是典型的“吃不到葡萄说葡萄酸”的心态。

比如，有些人见身边的人用苹果手机，而且是苹果出的新款手机，就有很多人买，他们就会表达反感和蔑视：“烂苹果手机，有什么好的，有那个钱，我可以买两三部国产手机！”对于这种人，假设你买一部苹果手机送给他，看他要不要，看他高兴不高兴。

人有嫉妒情绪是正常的，但放任嫉妒之心，把嫉妒变成攻击行为，那就很危险了。对于他人袭来的嫉妒，我们能做的就是不受影响，不被其激怒，常怀一颗平常心。而对于自己的嫉妒，我们要做的就是分两步去克服：第一步，认清自己要的是什么，为什么会嫉妒？第二步，想要什么就去追求，嫉妒永远给不了你想要的，只会给你带来恶果。

仰视反应：看穿别人尊重你还是蔑视你

刚毕业参加工作的小男生克拉克，他的顶头上司是一位漂亮精明、办事果断、干净利落的女性。在公司里她自然是理所当然的权威，犹如武林至尊，发号施令，无人敢不服从。克拉克一直在心里仰视她、敬佩她，把她视为标杆。

一天，克拉克无意中在商场碰见女上司和她老公。她老公其貌不扬，还很傲慢，对女上司爱理不理。女上司对老公却极其谦卑，不论是给自己买衣服还是给他买衣服，都要再三征询老公的意见。这几乎有些曲意讨好，与平时英明神武的样子简直判若两人。

从此，克拉克对女上司的印象大变，觉得她真是丢脸，怎么可以那样没自尊？枉费自己在心中崇拜她。有时候看到她对下属发号施令时，不由地想到她在老公面前卑躬屈膝的样子。渐渐地，克拉克对她的态度也变了，不再绝对服从，相反，有时候还要顶撞她一下。这种行为发展到后来，已经严重影响了克拉克的工作，他开始考虑是否该离开这个公司。

就像事例中的克拉克，人对于比自己强大的事物，总是不由自主地表现出仰视和敬畏的态度来。尽管在人类发展史上，也出现了以弱胜强，以小胜大的事例，然而这仅仅是一小部分，并不足以根除人们骨子里对于高大、强势的仰视心理。

上面的案例不禁让人想起一则寓言：

山羊站在很高的台阶上，台阶下面跑来一只狼。山羊见到狼，就破口大骂起来："厚颜无耻的坏东西。"狼一声不吭地走开了。

狐狸问狼："山羊骂你，你为什么不生气？"

狼说："我知道，它敢骂我是因为它站在很高的地方，如果它站在这儿，它是连嘴巴都不敢张的。所以，它骂我的话气不着我！"

人类也一样，有时候之所以忍受他人毫无理由的侮辱和轻慢，只不过因为对方站在高处。比如，他是我们的上司、前辈、父母、爱人。这是一种很奇怪的感觉，在深爱的人面前，我们总是表现得有些卑微，有些患得患失，总是觉得他站在高处，需要仰视他才对。

人类在进化过程中积累下来的本能，使人会仰视比自己高大的对象，蔑视比自己矮小的对象；反之，人也会本能地尽量抬高自己的身体以期建立优势，也会在认怂的时候，把自己的身体放低。所以，通过观察一个人的体态高度，可以判断其内心的自我定位。

在中国传统的酒文化中，有一个很有趣的现象：喝酒碰杯时，杯口的高低定位屈居于个人身份地位的高低。这就是仰视反应的一种典型体现。

当人们在酒桌上与身份地位高于自己的人敬酒时，往往会用酒杯的杯口去碰对方酒杯的中下部。这几乎成为一条约定俗成的惯例，无论身份高低的人都心照不宣地接受了这种身份定位。双方之间的身份地位差异越大，杯口之间的高低差距也就越大。

看一个人是否有仰视反应，可以通过以下三个微反应来判断。

（1）自我定位的降低——低头哈腰

低头意为降低自己，使自己低于对方，用来表示礼貌、谦逊和服从。

需要注意的是，这个服从不仅包括诚心诚意的服从，还包括处于劣势地位下的委屈服从。换句话说，低头虽然意味着自我定位的降低，但其中所要表达的仰视情绪及其程度，还需结合其他微反应线索来确定。

在低头的时候，身体其他部位的动作不同，所传达的信息也是不同的。在低头的时候，脊柱保持直立的状态，并有一定的力度；同时，面孔朝着斜下方低下，并保持这个状态一定的时间，这就是一副虔诚的服从态度。至于当事人是否认同所接受的信息，需再进一步的分析。

同样是低头，如果脊柱直立，头部只是稍稍低下，与脊柱间的夹角较小，则往往表明当事人口服心不服，特用这个姿势表达内心的反抗。如果头部仍旧低下，但与脊柱间的角度增大，低下的程度更大些，则往往表明当事人犯了错误，心怀愧疚。

此外，低头的心理动因可能是为了不与对方对视。也就是说，这时低头并非出于降低自我定位，更多的是一种逃离反映，最常见的情绪表现为羞与愧。

（2）卑微地巴结奉承——献媚

有时候，人们出于某种动机，会刻意做出某种讨好别人的举动，或是卑微地巴结、曲意逢迎，这就是俗话说的“献媚”。与低头的人相比，献媚的人把自我的定位降得更低了一些，表示对被献媚的对象无怨无悔地追随和服从，虽然这种追随和服从不一定是发自内心的，但起码表现出来的是这样。

从古代开始，中国就有大量关于献媚姿态的词语，如卑躬屈膝、奴颜婢膝、点头哈腰、唯马首是瞻等。献媚会让自己掉价，会让自己的自尊荡然无存，也会被周围人看不起，但却能极大地满足被献媚者的虚荣心。当然，不到万不得已，人一般不会厚颜无耻地献媚。

（3）腿脚的变化

仰视反应还体现在腿和脚的变化上。我们知道，当人处于谨慎状态时，步伐会小心翼翼，步幅的频度也会减缓下来，变得很小；而在谦逊时，双腿会并拢起来，并略向后退一步。至于奉承巴结他人时，在现代表现为双腿站得笔直，且并拢在一起；而在古代表现为自然屈膝，呈下跪姿势。这种姿势可以参照宫廷剧中奴才奴婢的动作。尤其是清宫戏，把身份低下者对上级的各种恭维、谄媚、恐惧表现得淋漓尽致，让那些野心勃勃、幻想自己被别人吹捧的人的虚荣心得到满足。

领地反应：划分势力地盘是人的一种本能

动感地带有句知名的广告语："我的地盘我做主。"人在自己的地盘，会本能地表现得放松、自在、威严，还可以毫不费力地指挥。如果有人敢在自己的领地范围挑衅，则会引起强烈的警觉和反击。通过观察一个人的姿态和动作，可以判断他对来自他人的领地侵犯所表现出来的反应。

格伦达和山姆是同一家公司的同事，两人关系还不错。山姆是销售办公设备的销售代表，和其他销售人员在一个大的办公区工作，每个人只有一张电脑桌、一台电脑、一部电话，没有一点隐私空间。而格伦达是公司分管销售的副总裁的行政助理，有一个独立的格子间，虽然不大，但至少有一个私人空间。

一天，山姆对格伦达说："我能不能在午餐时间借用你的格子间打个电话？你也知道，大办公区吵得要命，而且没有一点隐私可言！如果去外面打，又用不了公司的电话，而必须用自己的手机！"山姆态度很真诚，说的也是实情，加上两人关系本来就不错，所以格伦达就答应了。

可是在随后的两个月里，格伦达发现自己逐渐被挤出了自己的地盘。因为每次中午吃完饭回来，格伦达总能找到山姆来过的痕迹——桌上的面包屑，废纸篓里的易拉罐，还有便条本上的乱涂乱画。有很多次格伦达都想向山姆表达自己的愤怒，但转念想了想，觉得还是算了，毕竟大家都是同事。

后来有一天，格伦达吃完午饭回来，又看到山姆在他的地盘上放肆。当时山姆斜坐在他的椅子上，把脱了鞋的脚跷在办公桌上，全神贯注地打电话。格伦达简直不敢相信自己的眼睛，怒火聚集到一起，眼看就要爆发了。

可山姆见到格伦达时，却笑嘻嘻地示意“再等一下”。格伦达终于忍不住了，冲着山姆吼道：“给我滚出去，谁叫你在这里脱鞋子的？以后休想再借用我的格子间……”

在上面的案例中，格伦达的善意把自己置于一个人际关系的两难境地。起初，他只是为了向同事表示友好，认为帮一次忙而已。谁知一次帮忙，却成为一场噩梦的开始。另外，山姆把格伦达的默许当成大开绿灯，肆意在格伦达的地盘上做自己想做的事情，表现得太过随便，侵犯了格伦达的领地意识却浑然不知，而且在格伦达即将发火时，还丝毫没有觉察到他的不对劲。

案例中，格伦达的怒火中烧，就是在被人侵犯了自己地盘后的一种反应，这在心理学上叫领地反应。

假如有人在未经许可的情况下，贸然靠近或者入侵支配者的领地范围，则很有可能会被视为公然的挑衅，继而引发主人的不悦甚至是反击。

通常来说，领地是主人通过用手、用脚的动作来建立的，以此告诉大家：这里是我的地盘，你们给我小心点，对我放尊重点。

（1）手和臂——快速建立自己的领地

建立领地时，手和臂有三种常见的动作。

第一种是推。这是纯粹的防护动作，当事人借助自己的双手将自己与他人划分开来，在周围建立一道屏障，使自己免受侵扰。比如，明星、名人出行，身边的保安会做出这种动作反应。

第二种是“扎膀子”，就是双臂轻微张开、向下，同时配合着捏紧。由于人的体格形态不同，这个动作会有变化，它通常被肌肉发达的人使用。他们做这个动作时，手臂往往不会明显张开，但肩膀会因此而舒展变宽，有时候还会配合轻微的晃动以增强效果，令人不敢轻易冒犯。

第三种是两手交叉，置于胸前。这个动作带有明显的防护含义，给人的感觉就是将自己与他人隔开来，保持一定的距离。但身材魁梧、上肢粗壮的人，则大多不是出于防护的需要，而是表现自己的威慑力。

（2）脚和腿——进一步巩固自己的领地

相比于手部动作，脚部动作更加贴近人的原始本能，传达出的领地信息会更加精准。比如，当人乘坐电梯时，由于身份、地位、心态的差异，会形成各种各样的站姿。身份、地位高的人乘电梯时，通常会自然站立。

而当人多拥挤时，他们则可能叉开双脚，本能地占据更多的空间，以显示自己的统治权。身份、地位较低的人，则往往靠在电梯的角落里，双腿并拢站立，有意识地减少身体所占据的空间。

用脚建立或巩固自己的领地，在很多场合中都会出现。叉开双脚这个动作反映出的是一种强势的心态，行为人以此来凸显自己的统治权，保证自己不受过多的侵扰。在对峙中，比较强势且具有攻击性的一方经常会做出叉开双脚的动作，有时还会结合手臂的动作，使自己占有更多的领地范围，看起来很威风，不容侵犯。

（3）炫耀——走路时晃动身体

这里的炫耀不是通常所说的那种肤浅表现——生怕别人不认识自己，生怕别人不知道自己的本事。这里讲的炫耀，是指某种内在气息的自然散发，可能是运筹帷幄的沉稳，也可以是战无不胜的霸气，这与人们常说的“气场”很类似。

炫耀反应最典型的肢体语言就是走路时晃动身体，这种晃动不是标榜自己很厉害，也不是那种低级的街头混混的大摇大摆，而是一种特殊的肢体风格，但动作幅度并不大。在这方面，俄罗斯总统普京就是绝佳的模特。

俄罗斯在世界上有着重大的影响力，尽管近些年经济实力并没有军事实力那样强大，但它根基很深，军事实力强大。因此，普京也具备某些野兽的气质，走路时腰部到肩部的轻微晃动，给人一种充满了原始力量的感觉。

爱恨反应：看清别人和你的关系是亲是疏

人与人之间，总是有着千丝万缕的情感联系，其中爱与恨是两种极端性的情感。爱和恨所主导产生的反应，在心理学上叫爱恨反应。需要特别说明的是，爱与恨并非特指爱情中的爱与恨，也并非单指非爱即恨，它其实是对爱与恨的一种程度的表达。

上高中的时候，琼斯、特纳、艾德琳三个人经常在一起玩，三人无话不谈，关系非常亲密。琼斯一直喜欢艾德琳，但当时年幼的特纳并未发觉，总是死皮赖脸地跟他们凑到一起。

直到毕业后的一天，琼斯与特纳在一起喝酒，他才告诉特纳真相，并用手指着他说："你知道吗？其实我非常恨你。"

"你说什么？没搞错吧？我们可是玩了很多年的朋友，是铁哥们儿啊！"特纳大惑不解。

"要不是你一直当电灯泡，可能我和艾德琳已经成为夫妻了。"琼斯叹了口气，然后笑着说道。

特纳明白，虽然琼斯用手指指他，但这丝毫不妨碍他们之间的友谊。

在上面的案例中，琼斯恨特纳，这种恨并非仇人之间的恨，而是相对于他对艾德琳的爱来说所产生的一种恨。

在生活中，通过一个人对你的爱恨程度，可以明辨你与他的关系是远是近，是亲是疏，从而让你认识到谁是朋友，谁是敌人，谁是一般性的交际对象。但我们也要明白，人与人之间的情绪绝非单纯的。你不能期待你的朋友、爱人对你一味地好，这是不可能的。实际上，你也不可能对他们一味地好。

所以，当你在发现他们的微反应对你表现出抱怨、指责、攻击甚至是厌恶时，请不要就此断定他们不把你当朋友。要知道，有一种抱怨叫“希望你做得更好”，有一种恨叫“恨铁不成钢”。恨的内心深处，其实流露出来的是一种爱。

在人际交往中，当我们爱别人时，也希望别人爱我们。而当我们恨别人时，我们会主动与之拉开距离，或远离他，或记恨他，或敌视他，甚至见到他时就会咬牙切齿，恨不得攻击他。无论哪种情绪，都会在身体间的距离上有所体现，而身体距离又能反映出人与人的心理距离。

心理上的彼此亲近，会通过身体距离上的靠近来体现。这种意识与野生动物的领地意识很相似。对于自己能接受的人，就会允许他与自己靠近；对于厌恶的人，则会尽可能将身体控制在安全距离之外。美国人类学家霍尔博士研究，人与人之间的物理距离代表彼此之间的心理距离，大致可以分为四种。

（1）公众距离

这个距离是彼此互不熟识的人与人之间的距离，大约在 3.6 ~ 7.5 米。

（2）社交距离

这是常规社会活动时人与人之间所保持的距离，比如，职场办公、开会，比较适宜的距离大约为 1.2 ~ 3.5 米。

（3）私人距离

这是朋友、熟人或亲戚之间交往时常见的距离，大约为 0.45 ~ 1.2 米。

（4）亲密距离

这是非常亲近、亲密的人相处时保持的距离，比如，恋人、夫妻，从亲密无间到 0.45 米。

如果一个人真心让你靠近他，说明他在心理上与你的距离很近。恋人之间的拥抱、依偎和缠绵，就属于这种心理状态。反之，如果两个人之间的距离始终无法靠近，而且当一方做出积极的努力时，另一方却有意远离，那么就此可以判断远离一方的心理状态为排斥或厌恶。

当然，两个人的事情尚且好办，一旦出现了第三者，事情就会变得复杂。

以爱情为例，在追求爱人的过程中，如果冒出一个“小三”，往往会导致两种情况发生：

一种是追求者自惭形秽，认为自己不如那个“小三”，主动放弃追求，成全“小三”与自己喜欢的人在一起。

另一种叫嫉妒，认为自己不比“小三”差，凭什么自己爱的人喜欢那个“小三”。于是，心中满是不服，要与“小三”竞争到底，甚至是决一死战。比如，普希金就是因妻子蒙塔利亚而与法国宪兵队长丹特斯决战而死的。更有甚者，有的人因自己所爱的人与“小三”纠缠不清，从而失去理智，直接杀死所爱的人，这就叫因爱生恨。

逃离反应：惹不起的人要躲得起

茉莉亚是美国知名的模特，2015 年她因私人视频流出而成为社会热点话题人物。茉莉亚不以为耻，反以为荣，频繁应约参加各种综艺节目。有一次，在一档以女主人和嘉宾互动大尺度话题为形式的综艺节目录制中，因主持人提问过于尖锐，频繁置茉莉亚于风口浪尖，最终导致茉莉亚出现逃避反应而中断。

在节目录制中，茉莉亚全程保持了职业姿态，她面带微笑，双手放在腹前腿上，呈端庄状。上身基本保持挺直，没有靠在沙发上，双腿在坐姿时，保持较为放松的跷腿姿态。

一开始，大家聊时尚、模特、穿衣、吃饭等家常话题。茉莉亚的坐姿尽管呈现明显的职业修养状，但通过她双手交叉放于腹前腿上这个动作，看得出来她有些防备和拘谨。不过这种防备和拘谨很快就因聊家常话题而消散了。

随后，主持人刻意转入敏感话题，并且由浅入深地连续提了几个刻薄的问题，让茉莉亚产生了一系列的反应变化，除了数次睁大双眼、鼻孔轻微扩张等经典愤怒表情之外，茉莉亚还做出了双臂抬起抱臂的动作。

也许是在自己的地盘有强势心理，到最后一个阶段，主持人的提问越来越过分，这让茉莉亚开始坐不住了。她干脆把身体往沙发上一靠，这与前面所保持的仪态相比，明显有了逃离反应，这种变化并不是因为她累了，而是强烈厌恶主持人的提问。果然，仅三分钟后，大家就不欢而散了。

像茉莉亚一样，当人面对的刺激具有威胁性，且可能伤害自己，而自己又无力改变局面时，就会出现逃离反应。远古时代，人类的逃离方式是跑;

现代社会，人的逃离方式则隐晦得多。我们可通过判断人的内心对刺激源所持的态度，来判断行为人是否有逃离反应。

功夫明星成龙大家都不陌生，尤其是他的打斗部分，非常诙谐、幽默、机智。为什么会出现这种效果呢？成龙在接受采访时说出了答案："因为我平时打架也这样啊，一个人来我就打，两个人来我就拼，三个人来我转身就跑！"

每个人都有成龙的潜质，这种潜质就是根植于人类心底的逃离反应。逃离反应是人感受到厌恶或恐惧时产生的本能身体反应。俗话说"惹不起也要躲得起"，就是经典的逃离现象。

需要指出的是，逃离反应绝非胆怯那么简单，而是人的潜意识本能地让自己远离危险，是一种自我保护的表现。

逃离反应几乎是自然界中最普遍的反应，无论是脊椎动物还是微生物，趋利避害都是本能。人类则是逃离反应最出色的继承者，大家通过各种各样的手段，将各种逃离演绎得十分精彩。

人类最简单、最显著的逃离反应是对疼痛的规避。比如，你的手指被利器刺痛时，你会条件反射地把手缩回来，以避免利器继续伤害你，有个笑话说：

几个老人家在一起聊天，讨论怎样的伤害让人最疼。有人说是打脑袋，有人说是用针扎手指。一个抽旱烟的老汉说："这些都不是最疼的，最疼的是把烧得通红的烟斗贴在人的胳肢窝里。"

众人奇怪，问："为什么这样最疼？"但稍一思考就明白了，因为人的腋下有疼痛感时，条件反射的命令不是张开胳膊，而是夹紧胳膊，结果烫得更疼。

一般来说，人在做出逃离反应时，身体都会出现一系列的微反应：

（1）面部表情呈紧张、不安、恐惧趋势。

（2）会有吸气储能的反应。

（3）由于腿部是逃离反应的制动区域，所以血液流向下半身，脸色发白。

（4）站姿时，身体向反信息源方向倾斜。

（5）坐姿时，腿部绷紧，以便自己随时可以起身逃跑。

（6）语言急促紧张，会有敷衍性回避。

（7）无规律地踱步。

（8）把视线从刺激源的方向移开，转移到另一个方向。

需要明确的是，并非一切撤离都是逃离反应。比如，两军交战中，一方战败，丢盔弃甲地逃跑，这是逃离；但两万五千里长征却不是逃离，因为数万人有纪律地、成编制地大范围转移，并且对沿途的百姓秋毫不犯，还保持着旺盛的斗志，这是迁移而不是逃跑。

再如，拳王阿里比赛时有个重要战术，就是用灵活的脚步躲避敌人的进攻，等到对手体能消耗得差不多时，他再予以反击，这也不是逃离。

攻击反应：别忽视他人对你的敌视

人在遇到威胁时，如果受到的威胁过大，到了自己无法承受的地步，他就会出现冻结反应或逃离反应。但在面对威胁源时，人还会出现第三种情绪反应，即“你要战，我便战”，这就是攻击反应。

美国威斯康星州有一个三口之家，爸爸、妈妈和儿子，三人实际上是个抢劫团伙。在儿子小的时候，父母一直都瞒着他在临近州县的银行抢劫，直到儿子长到15岁，父母觉得应该把儿子拉入伙时，就告诉了儿子真相。由于儿子从小就没有接受过正规教育，因此他对入伙抢劫的事非常感兴趣。

一周后，父母策划了一个抢劫活动——抢劫花旗银行，并以此作为送给儿子的“成人礼”。可没想到，一向聪明的儿子竟然在抢劫时犯了紧张病，刚进银行大门，就把枪掉到了地上，警卫发现之后马上将他逮捕。情急之下，这对夫妻准备开枪反击，以救出儿子。但因寡不敌众，终被警卫击毙。

案例中的警卫，就是在面对威胁源时，所做出的“你要战，我便战”的攻击反应。他们先从15岁的儿子掉枪的举动上觉察到了敌视之意，然后马上进入作战状态——抓住了他。随后，面对孩子父母的攻击，他们做出了强有力的反击，成功剿灭了这次抢劫。

一般来说，针对心理是攻击反应的心理成因。有社会交集的两个人，往往会产生针对心理，但事态的发展和当事人的性格差异，会令这种针对心理越来越强。一旦这种心理强化到可以转化为实际行动时，就有了攻击反应。

最有利于进攻者的反应是面不改色，这代表进攻者准备狂攻不止，且不让被攻击者有任何察觉和反抗。正如中国古代兵家所言："若山崩于前，面色发红者，谓之血勇也；面色发白者，谓之气勇也；面色发青者，谓之骨勇也；面不改色者，谓之神勇！"

但是，除了百年不遇的将才和冷血的杀手能做到面不改色，绝大多数人在准备做出攻击反应时，身体都会暴露出一些微反应。比如，面色发红、发白、发青，换句话说，绝大多数人在准备攻击前，都可以觉察出来。

（1）紧张或兴奋

上面案例中的那个儿子，就属于这种反应，过于紧张或兴奋，导致脸色发白，手部颤抖，结果把枪掉在地上了。人在攻击反应之前之所以会紧张，是因为他对自己不自信，这种反应通常是过失性、无规律的。

即使是一个训练有素的杀手，也免不了出现紧张情绪，有的还会出现某种兴奋情绪，这种兴奋会令攻击反应向愉悦反应靠拢，甚至脸上会发笑。

攻击者为什么会兴奋？因为他在攻击行为之后会获得满足预期感，或者在物质上获得某些好处，或攻击本身能满足内心的某种需求。预期的满足感越强，攻击者的兴奋劲就越大，表现出来的微反应就越明显。

（2）用手指指人

有人认为，攻击反应的准备前提是怒发冲冠，但这不是绝对的，尤其是当今社会，人类的进攻不像远古时代人类捕猎那样，要靠撕咬或砍杀。

今天的人们在攻击之前，也可能表现得很斯文，比如，用手指指人。无论什么场合、什么人，只要他用手指指你，那说明他对你已经出现了攻击心理。当然，受限于特定场合和理解，大多数人都选择用手掌指人代替用手指指人。

（3）羞愧的情绪

攻击前的情绪，无论是兴奋还是紧张，都是单纯的攻击情绪。但很多时候，攻击者发出攻击行为时的情绪，并非单纯的。比如，在公司的例会上，你的同事准备置你于不利之地，以稳固自己在公司的地位。这时，他可能会在微反应上表现出羞愧的情绪。

他会皱眉，会羞于看你，身体尽量不朝向你，甚至他都不敢用手指指向你，但会用手部的推送动作指向你。但他在不看你的时候，对你的攻击却是坚决彻底的。

这说明什么？说明你的同事在攻击你时，内心是矛盾的、犹豫不决的、隐秘的。而且这位同事与你的关系越好，对你的羞愧感就越强烈。当然，如果你看不到他在攻击你时有任何羞愧感，那说明他和你关系很好只是一个假象。

（4）咄咄逼人的语言

语言是交流工具，也是现代社会攻击的主要手段，比如在法庭上。而在其他场合，即使语言不是进攻手段，人们也会通过咄咄逼人的语言表达攻击。比如，平时父母会称呼孩子的小名，而一旦孩子犯错，父母要批评他时，就会叫他全名，而且语气强硬，或声音很大。

7.

战斗反应：做好防御，敢于迎接各种挑战

人在遇到威胁后，如果冻结反应和逃离反应都无法让自己摆脱威胁，那就只能进入战斗模式。在远古时代，人类会因为猎食野生动物而搏斗，会因为争夺地盘而搏斗，这些就是战斗反应最直接的表现。

在中央电视台的《人与自然》节目中，曾播出过这样一个片段：有一群大猩猩的领地受到了外界的侵袭，大猩猩首领非常愤怒，它龇牙咧嘴，挥舞着手臂，朝着敌方冲过去几步，然后震天怒吼，并对敌方怒目而视。面对猩猩首领的战斗反应，其他猩猩也蜂拥而至，此时敌方被吓得仓皇而退。

在上面的案例中，大猩猩首领的举动，充分表明了它的态度："别来惹我，不然我就对你不客气！"这就是动物的战斗反应，它是愤怒的最强体现。同样，人在遇到威胁时，也会做出战斗反应。

无论引发愤怒和战斗反应的原因有多么具体，但总体而言，都可以归纳为两类：一类是生存威胁，一类是繁衍中遇到的威胁。比如，"同行是冤家"就是一种生存威胁，"怒发冲冠为红颜"则是繁衍中遇到的威胁。一旦某个人出现了战斗反应，你就应该明白他已经很愤怒了。另外，你还应该预见到"他不会轻易放弃"。所以，若无必要千万别去惹他。

与远古时代血淋淋的肉搏场面相比，现代社会的战斗反应有很多种方式，也文明了很多，甚至没有任何肢体接触。比如，它可以表现为激烈的争吵、反驳、辩论，也有比较低级的侮辱、诽谤、挖苦。

再如，体育比赛中的激烈对抗，也是一种战斗反应。它之所以能够吸引亿万观众，就是因为对抗有输赢，在争夺胜利的过程中，双方会在规则

范围内使用一切手段，让整个比赛充满悬念，变得惊心动魄。

当别人有了战斗反应时，你应该敏锐地觉察出来，并赶紧做好准备，或对抗，或防御，或逃离，千万别等战斗爆发了，你再来收拾残局。那么，人在做出战斗反应时，身体会表现出哪些微反应呢？

（1）愤怒

人在愤怒的时候，眼睛会瞪得很大，瞳孔会放大，嘴唇是紧闭的，咬紧牙关，鼻孔会张大，或向外用力地喷气。伴随着愤怒的面部表情，说出的话往往也带着怒气，比如，“滚”字就是最能表现愤怒的字眼。同时，在肢体行为上，可能会用手指指人，或拍桌子，或对着人跷手指，甚至握紧拳头。

以上行为已经充分表明了他的态度：我已经对你很不满了，你已经威胁到我了，我必须给你点颜色看看。因此，当你看到对方已经将眼睛睁得圆圆的，不断地向你“吹胡子瞪眼”时，你最好马上服软，不要与他硬碰硬，不然就很容易引发一场暴风雨。

首先，你要把自己的情绪缓和下来，然后再尽量缓和对方的情绪，要让他知道，你对他并没有恶意，你不会对他构成威胁。你还可以赔个笑脸，逗他开心，或者向他道歉，或者表示退让、投降等。这种应对方式并不是说明你怕他，而是说你不想把关系搞僵。

（2）挑衅

有时候，人的战斗反应并不是自己发出来的，而是受到了他人的挑衅，被迫做出的迎战行为。在战斗开始之前，挑衅的一方对自己充满信心，认为自己能轻松战胜对方，所以他才希望战斗能够发生。于是，他会采用激怒对方的方式，将战斗的信息传达给对方。

在众多激怒对方的行为中，轻蔑是最有效的。在表达轻蔑时，人的下巴通常会做指向性的动作，通过某个手势、表情或眼神表达轻蔑。比如，向对方竖小拇指、竖中指，并看对方一眼，然后又自然地往上看，再缓缓地把目光从对方身上移开。通常，还会伴有轻微但很快的鼻子出气声，或嘴里发出“切”的声音，表示不屑与轻蔑。

面对他人的挑衅，你可以调整状态，做出积极的迎战准备。比如，双脚前后摆放，使自己站得更稳，然后慢慢握紧拳头，或拿起武器，等待战斗的开始。你也可以摆出消极防御的姿态：双手抱臂，脊柱弯曲，把头低下来一点。如果你是坐着的，可以往后靠，或让身体侧向刺激源，这个动作看起来和怕冷的反应很相似。

耸肩也是常见的消极防御的姿态。在足球场上，当一方队员做出一个凶狠的犯规，面对被犯规球员的愤怒时，犯规球员往往会做出耸肩的姿态，同时双手摊开，这就是一个消极防御的姿态。

第三部分　职场行为心理学

——把话说到上司、客户、下属的心坎上

七、想获得重用，要懂上司的行为心理

身在职场，
上司是对你最重要的那个人。
要想获得上司的信任、重用，
你必须读懂上司的行为，
做到与上司无障碍沟通，
并出色地完成任务。
要做到这些，
需要你深谙上司各种行为背后的心理玄机。

上司摘下眼镜一扔，是否定的信号

董翔是一家公司的企划人员，文采出众，颇受总经理王总的欣赏与重视。王总鼻子上架着一副眼镜，充满了书生气，看上去更是平易近人。

有一次，总经理有意识地向董翔传递了这样一条消息：快过年了，董翔只要做出让公司满意的策划方案，就很有可能提升为策划主管。

董翔听到这个消息感到非常高兴，连连向总经理表示感谢。董翔很珍惜这个机会，为了能得到总经理的认可，他连夜做出了年度策划方案，并反复修改了好几次。

这天，董翔自信满满地将自己策划出的方案递给了总经理。总经理刚接过文案时，脸上露出了欣赏的神情，但没过一会儿，总经理不由自主地皱起了眉头。看完以后，总经理轻轻地将策划案放在桌子上，把眼镜从鼻梁上摘下来，折叠起来，然后直接扔到一旁。过了一会儿，总经理说道："你先出去吧，我一会儿交给董事长看看。"董翔走出总经理办公室，脸上依然洋溢着自信的微笑。

转眼就到过年了，在年会上，让董翔倍感意外的是，他的同事小李被提拔为了策划主管。董翔疑惑不解地问总经理："这是怎么回事？"

总经理有些生气地说："真不知道你这小子怎么搞的？这次年会策划案那么重要，你怎么会写出那样的策划案。"

"我的策划案？"董翔一听，立即跑回办公室。仔细地翻阅文件夹，发现自己改好的策划案竟端端正正地放在那里。原来他交上去的策划案不过是自己的第一遍草稿。

眼镜被人们架在鼻梁上，不仅给人增添了几分书生气，而且还是人们用以拖延时间的“法宝”。擦拭完眼镜后重新将眼镜戴上，并拿起相关材料表明其正在考虑；把眼镜折起来放在一边，将后背靠在椅子上表明其想结束谈话；把眼镜折起来并扔在一边是否定的信号。

然而，职场中的很多人往往忽略了上司的这一举动。如果你略懂行为心理学，就能发现上司这个小动作里大有文章。他把眼镜折叠起来直接扔在一旁，这扔的动作就直接反映出对方的焦虑与不悦情绪，他要发表的肯定是否定意见。

事例中的董翔如果略懂行为心理学，当他看到总经理将眼镜折起来，并扔到一旁的举动时，就应该明白这是否定的信号。假如他知道总经理对自己的文案持否定态度，也许他就能从总经理否定的态度中发觉自己拿错了文案，这时他还有挽救的机会。然而，遗憾的是，他一点也不懂行为心理学，最终错失了这次升职的机会。

上面的事例告诉我们：步步高升有妙招，读懂上司的肢体语言，抓住升职的机会。

人们戴眼镜、取眼镜的不同动作代表着不同的含义，除了上文说的把眼睛扔在一边表示否定，关于眼镜的行为心理学还有如下几点：

（1）将眼镜腿咬在唇间

我们常常会看见一些眼镜佩戴者将眼镜腿咬在嘴里，这个动作跟叼支烟、咬支笔的意思一样，都是表示动作者对安全感的一种渴望。

（2）擦拭完眼镜后重新将眼镜戴上，并拿起相关材料

假如一个人在擦拭完眼镜后重新将眼镜戴上，并且还拿起了桌上的相关材料。这一连续动作说明对方想继续查看一下细节，正在考虑如何妥帖地做出答复。

（3）把眼镜折起来放在一边，将后背靠在椅子上

假如一个人把眼镜折叠起来，并把它们放在一边，同时还将后背靠在椅子上。这时，他想告诉你的是，他想结束谈话了。此时你有进一步的辩论也只能是隔靴搔痒了。

上司拍拍你的肩膀，有何用意

一天，保险销售主管小王兴高采烈地来到经理办公室，向经理汇报上一季度的工作业绩。由于他们去年取得的工作成绩并不好，经理对他们这组成员并没有抱太大的希望。因此，经理抽着烟，吐着烟圈，招呼小王坐下。

“上个季度的销售业绩怎么样？”经理很严肃地问道。

“上个季度的销售业绩非常不错，不仅维护了老客户，还开发了 25 个新客户。目前，已签了 20 个单子，利润较去年增加了 15%。”销售主管小王一字一句地说道。

“上个季度支出了多少？”经理并没有露出惊喜的神情，而是平静地询问上个月的支出状况。

“上个季度，我们小组共支出了 41000 元，比去年少花了 3000 元，比预算的还少花费 10000 元。”小王无比自豪地说，但一碰到经理严肃的眼神，又及时地打住了。

经理什么也没说，站起身绕过办公桌，来到小王侧面，轻轻地拍了拍他的肩膀说道：“好了，我知道了，你去忙吧！”

走出经理办公室，销售主管小王感到十分不解，他原以为经理会好好奖赏他，并表扬他们这一组成员。没想到，经理什么也没说。

在接下来的一段时间里，小王一直愤愤不平，工作受到了很大的影响。很快，一个季度又过去了，当经理见到他时却长长地叹了口气说：“我以为你这季度会做得更好，我还打算晋升你做销售经理呢！”

小王瞪大了眼睛，什么也说不出来。

肩膀的一项重要功能就是承担重量，因此，上司从侧面轻拍下属肩膀不但可以传达上司亲近、友好的善意，还能传递一种“我相信你一定行”的精神力量，起到激励、鼓舞的作用，使下属感受到领导的真诚祝福与殷切期待，激发下属开拓创新、锐意进取的工作精神。

事例中的上司真的什么也没有说吗？他确实没有说什么鼓励、表扬的话，但他从侧面轻轻地拍一拍小王的肩膀这一动作就表达了自己对销售主管小王的肯定与鼓励。小王之所以感到郁闷，是因为他没有读懂经理轻拍自己肩膀的含义。

其实，表达对他人的鼓励与赞扬，并不一定要大声地说：“努力吧！加油吧！我相信你一定行！”有时候从侧面拍拍对方的肩膀、后背，或者用双手为他鼓掌，或者朝他竖起大拇指等行为动作，都能表达自己是在鼓励、赞扬他。倘若对方明白这些肢体动作所表达的含义，那么它将更能鼓舞人心。

对于领导来说，在办公场合，他们不愿意把鼓励、赞扬的话大声地说出口，更多的是喜欢从侧面用手拍拍下属的肩膀、后背，以示鼓励。作为下属，只有读懂了上司的这一身体语言，才知道领导什么时候是在鼓励自己，才不会像事例中的小王那样不明所以。

表示鼓励、肯定的肢体语言远不止从侧面轻拍肩膀这一种，下面简单作一个总结，以供大家参考：

（1）从侧面轻拍肩膀

肩膀的一项功能就是承担重量，因此，拍肩膀不仅能传达自己亲近、友好的善意，还能传递一种“我相信你”的精神力量。

（2）从侧面轻拍后背

在日常生活中，很多男性朋友在见面时，总忍不住用手掌去拍对方后背。这是一种友好、欣喜与祝贺的表现。注意异性之间轻拍后背，容易引起不必要的误会。

为什么上司每次开会前都整理桌子

李丽最近应聘为一家公司的秘书，主要协助老板处理一些综合情况。

对于自己的工作，李丽每次都早早地准备好。可是，让她百思不得其解的是，每到开会时，老板总会开始整理桌子，尽管她早已将桌子整理好了。

有一次，公司员工都坐在会议室等老板来开会。可是，等了好长时间也不见老板的身影，李丽实在看不下去了，火急火燎的她打算去提醒老板。

不料，坐在她旁边的一位好心的同事拉住了她，问道："干吗去？"

"老板这是怎么了，怎么一到开会时间，就开始整理桌子呢？我实在看不下去了，我要去提醒他一下。"

"坐下，不能去提醒！"好心的同事用命令的口吻说道。

"为什么？"疑惑不解的李丽望着同事。同事正想说什么时，老板便来了。

会议一如既往地召开。会议结束后，李丽好奇地问那位同事："你为什么阻止我去提醒老板？"

"傻丫头，你还想在这里好好干吗？"

"当然想啊！不然，我何必对工作如此尽心尽责？"

"你那样做是适得其反，你知道老板为什么要这样做吗？"同事问道。

"不知道！"李丽噘着嘴巴，一脸的不解。

"心理学将这种在时间紧迫时做不相干事情的心理现象称为'自我设限'。他们一般具有很强的自尊心，之所以会这样做，是因为他们想通过制造对自己不利的状况来避免因全力以赴而导致失败所造成的心理伤害。要知道自尊心强的人心里很难接受失败的打击。所以，他们就找各种理由说服自己'因为这样，所以才没做好'。"同事耐心地解释道。

“这样啊，那我为什么不能去提醒老板呢？”李丽听得一头雾水。

“从他在忙碌的时候却开始整理桌子这一行为来看，他是一个自尊心极强、很容易受伤害的人。我们善意的提醒很可能会伤害他。所以，最好不要去提醒，即使提醒也要客气地提醒。老板之所以这样做，是因为他了解情况，所以，你就不用着急了。”

李丽恍然大悟，连忙向同事道谢。

在工作中，我们时常遇到这种情况：马上开会了，老板却开始整理桌子与书架；马上就要发言了，那个新来的同事却开始看别的资料……

见到此种情况，我们总会像事例中的李丽那样忍不住想：他们都怎么了？都火烧眉毛了，他们怎么还有心情去做这些无关紧要的事情呢？

乍一看，我们还以为这些人毫无时间观念，当然不可能做出一番成就来。可事实是，越是在时间紧迫的时候做“不相干”事情的人，心思越细腻，做事情就越谨慎，成功的可能性就越大。

他们往往会给自己设定一个目标，比如，这次开会要达到什么效果，但又害怕虽然自己全力以赴却没有实现预期的目标。如果那样，自己心里就会产生一种挫败感。为了避免产生这种挫败感，他们就通过制造对自己不利的状况来为自己辩解，比如，因为马上要开会了，我稍微收拾了一下桌子，所以没来得及做。就如事例中的那位同事讲述的那样。

其实，他们所做的这一切都源于他们强烈且害怕受伤害的自尊心。事例中的李丽就是因为不了解自尊心导致一个人“自我设限”的心理学现象，差点犯了错误。幸亏得到了好心同事的劝阻，否则，她真的会好心办了坏事。

所以，从上面的事例中，我们得出一个道理：当你看到有人在忙碌的时候却开始整理桌子，那你应该明白：对方是一个自尊心极强、很容易受伤害的人。面对他们这样的行为，你最好不要去提醒他，因为你的提醒可能会伤害他的自尊心。假如一定要提醒，也要客气地提醒。当然，如果是老板的话，你就不必提醒。因为老板之所以会这样，是因为他了解情况。

从上面的事例中，我们知道马上开会却开始整理桌子是自尊心强的表现，那么自尊心强还有哪些表现呢？我们多了解一些，就能尽量减少自己无意中带给他人的伤害。

（1）毫不犹豫地拒绝他人的帮助

当一个自尊心强烈的人遇到困难时，假如你想帮助他，他一定会毫不犹豫地拒绝。所以，当你遭遇对方的拒绝时，不要沮丧，而应该认识到对方是一个自尊心极强的人。以后不管是说话还是做事，都要注意不要伤害对方的自尊心。

（2）待人有礼貌

自尊心强的人的一个重要表现就是待人有礼貌，他们做任何事情都要考虑后果，希望被更多的人赞赏。这种人生活压力很大，所以，面对一个待人有礼貌的人，一定要考虑到对方的“面子”问题。

（3）被人误会时会大哭

当一个人被别人误会时，他虽然努力辩解，但最终没有取得任何效果。内心极度委屈的他就会大哭一场，以此来发泄心中的委屈。

如何拒绝上司，但又不会得罪上司

上司委托你做某事时，你要善加考虑，这件事自己是否能胜任？是否违背你的做人原则，考虑清楚了，然后再作决定。而对于自己不愿做、不能做的事，要勇敢地说“不”。

尽管部下隶属于上司领导，但部下也有他独立的人格，不能什么事都不分善恶是非都服从。部下并不是奴隶。倘若你的领导以往曾帮过你很多忙，而今他要委托你做无理或不恰当的事，你更应该毅然地拒绝，这对领导来说是好的，对自己也是负责的。

此外，由于能力有限，对于无论如何努力都做不到的事，也应拒绝。但是这有一个前提，即是否真的做不到，应该仔细地衡量一下，切不可因怀有恐惧心而不敢接受。经过多方考虑，提出各种方案后，是否再加上勇气来突破它？都需要考虑清楚。

考虑后，认定实在无法做到，便可拒绝。当然，拒绝更要讲究方法，采用什么办法才能让上司接受，这里面也是很有学问的。

（1）触类相喻，委婉说“不”

当领导提出一件让你难以做到的事时，如果你直言答复做不到，可能会让领导损失颜面。这时，你不妨说出一件与此类似的事情，让领导自觉问题的难度，从而自动放弃这个要求。

战国时，有个神童叫甘罗，他的爷爷是秦国的宰相。有一天，甘罗看见爷爷在后花园走来走去，不停地唉声叹气。

“爷爷，您碰到什么难事了？”甘罗问。

“唉，孩子呀，大王不知听了谁的挑唆，硬要吃公鸡下的蛋，命令满朝文武想法去找，要是三天内找不到，大家都得受罚。”

“秦王太不讲理了！”甘罗气呼呼地说。他眼睛一眨，想了个主意，说，“不过，爷爷您别急，我有办法，明天我替您上朝好了。”

第二天早上，甘罗真的替爷爷上朝了。他不慌不忙地走进宫殿，向秦王施礼。

秦王很不高兴，说：“小娃娃到这里捣什么乱！你爷爷呢？”

甘罗说：“大王，我爷爷今天来不了啦。他正在家生孩子呢，托我替他上朝来了。”

秦王听了哈哈大笑：“你这孩子，怎么胡言乱语！男人家哪能生孩子？”

甘罗说：“既然大王知道男人不能生孩子，那公鸡怎么能下蛋呢？”

甘罗的爷爷作为秦朝的宰相，遇到了大王提出的不可能做到的要求，却又找不到合适的办法拒绝。甘罗作为一个孩童，能如此得体地拒绝秦王，并让秦王不得不放弃自己的无理请求，实在是大出人们的预料。也正因为如此，秦王才有“孺子之智，大于其身”的叹服。

以后，秦王又封甘罗为上卿。

现在我们俗传甘罗十二岁为丞相，童年便取高位，不能不说正是甘罗那次智慧的拒绝，才使秦王越来越看重他。

（2）佯装尽力，不了了之

当上司提出某种要求而属下又无法满足时，设法造成属下已尽全力的错觉，让上司自动放弃其要求，也是一种好方法。

比如，当上司提出不能满足的要求后，就可采取下列步骤先答复：“你的意见我懂了，请放心，我保证全力以赴去做。”过几天，再汇报：“这几天 ××× 因急事出差，等下星期回来，我再立即报告他。”又过几天，再告诉上司：“您的要求我已转告 ××× 了，他答应在公司会议上认真地讨论。”

尽管事情最后不了了之，你也会给上司留下好感，因为你已造成“尽力而做”的假象，上司也就不会再怪罪你了。

通常情况下，人们对自己提出的要求总是念念不忘。但如果长时间得不到回音，就会认为对方不重视自己的问题，反感、不满由此而生。相反，即使不能满足上司的要求，只要能做出些样子，对方就不会抱怨，甚至会对你心存感激，主动撤回让你为难的要求。

（3）利用集体掩饰自己说“不”

例如，你被上司要求做某一件事时，其实很想拒绝，可是又说不出来。这时候，你不妨拜托其他两位同事，和你一起到上司那里去，这并非所谓的三人战术，而是依靠集体替你作掩护来说“不”。

首先，商量好谁是赞成的那一方，谁是反对的那一方，然后在上司面前争论。等到争论过一会儿后，你再出面轻轻地说：“原来如此，那可能太牵强了”，而靠向反对的那一方。这样一来，你可以不必直接向上司说“不”，就能表明自己的态度。

这种方法会给人“你们是经过激烈讨论后，绞尽脑汁才下结论”的印象，而包含上司在内的全体人士，都不会有哪一方受到伤害的感觉，从而上司会很自然地自动放弃对你的命令。

在职场中，上司无法任由自己选择。因此，对待上司只能学会适应，除非你丢掉自己的工作。在这种情况下，和上司沟通的技巧就显得更加重要。和上司沟通一定要不卑不亢，要敢于说“不”，也要巧于说“不”。

你既不能自命清高，也不要卑躬屈膝。这是一个态度问题，也是和上司做好沟通的前提。

给上司提建议的四种心理博弈策略

聪明的小孩子往往懂得在大人高兴的时候提出自己的要求，而且，这时他们的要求多半会被满足。家长们在心情比较好的时候，为了不破坏气氛，往往会比平时更加宽容大度。

在上下级相处的过程中，也存在着同样的情况。自然，下属并不是小孩子，不存在着对上司的人身依附关系。但是，他们之间的权力从属关系却是毫无疑问的，下属要取得的每一分利益都需要有上司的首肯。

在中国这种文化传统下，事实上，每个上司都有一种“家长”倾向，都有恩威并举的心理，那么我们不妨因势利导，巧妙地加以利用，在上司春风得意之时，或提要求，或进谏语，必能收到意想不到的良好效果。

有一次唐太宗心情十分愉悦，便笑着问大臣魏徵：“你看近来政治怎么样？”

魏徵觉得这是一个进谏的好机会，马上回答说：“贞观初年，您主动地引导人们进谏；过了三年，遇到有人进谏，还能愉快地接受；这一两年来，勉勉强强接受一些意见，可是心里总觉得不舒服。”

太宗听后有些吃惊，问道：“你这样讲有什么根据吗？”

魏徵于是举出三件事来加以佐证，这三件事反映的是唐太宗在魏徵所说的三个时期内对人的三种不同的态度。

唐太宗于是明白了，说道：“若不是你，没人能说这样的话。一个人苦于自己不知道自己啊！”于是，唐太宗更加虚心地听取臣下的意见了。

由此可见，给上司提建议，有很重要的一个学问，那就是一定要注意时机和场合，以便使上司更能用心领会你的意见，而不会导致对你的反感。

例如，在娱乐活动中，一般上司的心情比较好，这时候提出建议会使上司更容易接受。特别是如果你能把所提的建议同当时的情景联系起来，通过暗示、类比等心理活动的作用，会对上司有更大的启发。还有些比较成功的下属善于接住上司的话茬儿，上承下转，借题发挥，巧妙地加以应用，从而很好地触动了上司，使许多悬而未决的问题得到了解决。

有一个单位刚购置了一批计算机及相关设备，并准备修建一个机房。但在机房安置空调机一事上，上司却不肯批准，认为单位的同志们都在没有空调的情况下办公，不宜单独对机房破例。虽然有关同志据理力争，说明安装空调是出于机器保养而非个人享受的需要，但仍不能打破上司的老脑筋，说服上司。

后来，单位的上司与同志们一起出去旅游、参观。在一个文物展览会上，上司发现一些文物有了毁坏和破损，就询问解说员。解说员解释说，这是由于文物保护部门缺乏足够的经费，不能够使文物保存在一种恒温状况下所致，如果有一定的制冷设备，如空调，这些文物可能会保存得更加完善。

上司听后，不禁有些感慨。此时，站在一旁的机房负责人乘机对上司低语："其实，机房里装空调也是这个道理呀！"上司看了他一眼，沉思片刻，然后说："回去再打个报告上来。"很快，这位上司就批准了机房的要求，为他们装上了空调设备。

给上司提建议，还要注意提建议的各种忌讳。有时候，提建议或意见的确要冒一定的风险。有道是"枪打出头鸟"，一个人积极向上级提建议，当然获得提拔的机会多一些，可不小心也会撞到枪口上，反而会成为别人攻击的靶子。下面是提建议的一些忌讳，需要注意规避。

（1）不要强迫上司接受

有的人提建议属于强迫性的，非要上司接纳不可。如果上司不接受，他就脸红脖子粗地同你争论，直到说服对方才善罢甘休。这就像古代大臣的“死谏”，非要皇帝同意自己的谏言，否则就要碰死在大殿上。这样的大臣，就算不碰死，皇帝也会拿你开刀，何苦呢？

记住，你只是在提建议，至于上司接不接受，那是他的权利，千万别强迫。

（2）不要激化矛盾

就算你和上司存在争执，也不要激化矛盾。试图用你的那一套，让上司全盘接受你的想法，往往会碰得头破血流。要想让你的建议得到上司的认可，最好先强调双方同意的见解，也就是说，要采用迂回的策略。

（3）不要全盘否定

有的人在向上司提建议时，总是喜欢否定旧有的东西。在他眼里，单位这里不行，那里不行，仿佛自己成了一个改革家。殊不知，你这样说，就等于把上司本人的工作成绩也全盘否定了。这样的建议，如何能让上司接纳？

因此，就算你在表达意见的时候，也要具有选择性，不要把所有的事情都说得一文不值。那不但伤了上司的自尊，你的建议也会被束之高阁。

（4）在提建议时，不要贬低别人

与上一个毛病一样，有的人在提建议时，总是不自觉地采用了贬低甚至诋毁同事的方式。在上司眼里，你这样做，不是在提建议，而是在打小报告。如果这些话让那些被你贬低的人知道了，你会有什么结果？

其实，给上司提建议，向来受到倡导和重视。毕竟，上下级之间都在为共同的目的而努力，只要你提建议的方式正确，提的建议有价值，一定会受到重视。就像古代谏官向皇帝进谏，只要“谏法”得当，无论怎样难缠的上司，也会听一听的。

不慎得罪上司后的几种心理对策

与上司的相处之道是一个老话题。可以说我们一生中，只要在工作，和上司的相处就一直进行着。常言道："常在河边走，哪有不湿鞋？"和上司相处不会总是一帆风顺，不管是有心还是无意，总会有冒犯上司的时候。很多人在得罪上司后，最先想到的就是一走了之，这是最不可取的做法。性情中人都容易感情冲动，当你和上司发生矛盾，彼此都处于情绪不稳定的状态，这时候作出的决定往往会使人失去理智，而当你冷静下来时，也许就会为你鲁莽下的决定而后悔不迭。

当然，受到委屈后的心情是可以理解的，同样我们也应该理解上司在下属没有做好自己交代的事情后复杂的心情。下面一些交际技巧将帮助你化解和上司之间的矛盾。

（1）不要顶撞愤怒中的上司

当人处于愤怒状态下，他的一些言语和行为都会带有攻击性。上司作为你的直接领导者，这种情况会更加普遍，甚至会在愤怒的时候利用职权做出对你不利的事。事实上，没有人愿意给自己多树立一个敌人，我们要做的只是在发觉上司有不悦的迹象时，找个借口走开，这样做可以避免和上司发生正面冲突。当上司在冷静过后，恢复了思考的能力，他便不会再用激烈的方式来处理你们之间的矛盾。

值得注意的是，在找借口的时候，一定要以工作的名义，如果你用一个非常明显的回避理由，有可能被上司认为你在逃避他，这无疑会火上浇油。所以，巧妙地制造一个不得不走开的理由，会给双方情绪一个缓冲的余地。给上司一个自我调整的时间，再来解决问题将会方便很多。

（2）不要试图推卸责任

上司最不喜欢听到的就是下属把责任推卸到其他人身上，或是将责任归结于客观原因。你要知道，在你的职责范围内出的问题，不论有什么样的原因，最终还会由你来解决。即便你能够很好地自圆其说，把失误解释得很合理，到头来还会由你来解决。同时，上司并不会因为你的理由充分而原谅你。失误既然已经发生了，不如大方地承认自己的错误，并给上司一个合理的补救方案，想方设法找客观理由只能是一种自我安慰、自欺欺人的心态。

值得一提的是，当你为你的失误辩解时，很可能会使上司的怒火无处发泄，这是一个很不好的迹象。上司很可能因此对你产生糟糕的印象，这对你今后的发展是很不利的。同时，失误发生后总会有人来承担责任，不论你把责任推给谁，承担责任的人都会对你产生意见，你今后便多了一个敌人。当你把责任总结为客观原因，这个责任只能由上司来承担。因此，勇敢地承认自己的错误，是和上司化解矛盾的关键。

（3）主动和上司沟通

当你避开了上司的愤怒后，接下来最好主动伸出“橄榄枝”。如果是你错了，你就要有认错的勇气，找出造成自己与上司分歧的症结，向上司作解释，表明自己在以后以此为鉴，希望继续得到上司的关心。假若是上司的原因，在较为宽松的时候，以婉转的方式，把自己的想法与对方沟通一下，你也可以以自己的一时冲动或是方式还欠周到等原因，无伤大雅地请上司宽宏，这样既可达到相互沟通的目的，又可以给上司一个体面的台阶下，有益于恢复你与上司之间的良好关系。

（4）不能放弃对上司的尊重

即使是开明的上司也很注重自己的权威，都希望得到下属的尊重，所以当你与上司冲突后，最好让不愉快成为过去，你不妨在一些轻松的场合，比如聚餐、联谊活动等，向上司问个好，敬下酒，表示你对对方的尊重，上司自会记在心里，排除或是淡化对你的敌意，同时向人们展示你的修养与风度。

此外，这样做还能表明你对矛盾的态度——就事论事。有时上司最担心的并不是矛盾不能很好地解决，而是产生矛盾的下属将来还能不能很好地工作。当你在一些轻松的场合对上司表明尊重，同时也就表明你不会因此事而在以后的工作中带有情绪。当上司明白这一点后，你们之间的矛盾便不再那么重要了。

（5）不要向第三方泄露你和上司的矛盾

得罪上司后，我们往往会想向同事诉说苦衷，以寻求他人的理解。如果失误在于上司，同事对此不好表态，也不愿介入你与上司的争执，又如何安慰你呢？假如是你自己造成的，他们也不忍心再说你的不是，往你的伤口上撒盐，更有居心不良的人会添油加醋后反馈回上司那儿，加深你与上司之间的裂痕。

如果上司知道你在背后议论你们之间的矛盾，会认为你在搞小圈子孤立他，那样结果会对你更加不利。所以最好的办法是自己清醒地厘清问题的症结，避免第三者知道你们之间的矛盾核心，靠自己的力量解决。只有这样才能使自己与上司的关系重新有一个良好的开始。当和上司发生冲突后，运用一些技巧来挽回尴尬的局面，使双方都能平复心中的情绪，是很有必要的。能够巧妙地避开最坏的结果，化干戈为玉帛，才能在职场上立于不败之地，反之，意气用事，一走了之，将永远得不到上司的重用，更谈不上事业的成功。

第三部分　职场行为心理学

——把话说到上司、客户、下属的心坎上

八、想要有出色的业绩，不能不懂客户的心

业绩是一个人工作能力的最好证明，
特别是销售人员，
销售业绩高于一切。
而面对众多客户，
想要把公司的产品推销出去，
你就不能眼里只有自家产品的优点，
而看不透客户种种行为背后隐藏的心思。

1.

喝酒时捂着杯口的客户爱慕虚荣

乔晓平是一家保险公司的业务员。公司最近开发了一个大客户作为重点推销对象，这位客户沉默寡言，很不好搞定。公司派出的几个业务员都失败而归，乔晓平知道这件事后，便自告奋勇前去洽谈业务。

乔晓平将谈判地点安排在一家高级餐厅。这位客户果然是一个沉默寡言之人，在刚喝酒时，他们除了互相敬酒，却什么也没说。不过，细心的乔晓平却从这位客户喝酒的动作看出了端倪。

在喝酒时，乔晓平发现这位客户紧紧地捂住酒杯口，正在努力掩饰自己的真情实感。他曾在一本书上看到过这样一句话："喝酒时，喜欢紧捂住杯口的人很虚伪。"想到这里，他的嘴角浮现出一抹不易察觉的笑容。

于是，他举起酒杯，很恭敬地说道："张总，早就听说过你这位远近闻名的老板，只是苦于一直没机会来拜访你，今天，终于有机会了，我们一定要好好地干一杯。来！干！"

"什么？远近闻名的老板？"那位老板虽然感到很惊讶，但心里却十分开心。

乔晓平看到他脸上表情的转变，就知道自己的奉承已经取得效果了。于是，他不紧不慢地说道："是啊，根据我调查的结果，大家都说这个问题最好请教你。"

那位客户一听，心里乐开了花，假装诧异地说道："大家都在说我啊！真不敢当，那到底是什么问题呢？我看看能不能帮你解决。"

乔晓平抱起拳头说："实不相瞒，是……"乔晓平就这样轻而易举地过了第一关，也取得了那位客户的信任与好感。经过一番交谈，那位客户终于决定投保。

回到公司后，同事们纷纷前来讨教秘诀。乔晓平笑着说："我从他喝酒的姿势中看出他爱慕虚荣，想要说服这类客户签下订单，就要用奉承的话来攻破他的心理防线。"

在与客户洽谈业务时，往往杯觥交错。从客户喜欢喝的酒中，你能发现很多意想不到的秘密，但注意观察客户喝酒的姿势，从他们喝酒的姿势中，你能发现更多秘密。

喝酒都会端起杯子，而端起杯子这个动作虽然简单，却大有深意。一些细心的心理学家与行为学家对人握杯的方式进行了长时间的研究，发现不同的握杯手法可以表现出不同的内心世界。

事例中的客户沉默寡言，不善言谈，让人捉摸不透，因此，让业务员们久攻不下。然而，乔晓平知道无法从语言上找到突破口，于是就从他的日常行为下手。细心的他很快就发现对方喝酒时喜欢紧捂住杯口这一动作，他因此断定这位客户爱慕虚荣。想要说服爱慕虚荣的客户，就要用奉承的话来攻破他的心理防线。

有一位百万富翁很坦然地说："我就喜欢听奉承话，自己喜欢听，别人也喜欢听，拍马屁就是我屡试不爽的秘密武器！"事例中的客户在乔晓平的奉承下，慢慢地放下了戒备心理，很快就答应签订单。

上面的事例告诉我们一个道理：在与客户洽谈时，我们首先要弄清楚对方的性格，针对对方不同的性格采取不同的对待方式，从而为签单找到突破口。

喝酒拿杯子的动作虽然简单，但是不同的握杯手法可以表现出不同的内心世界，还展现出不同的性格。仔细观察就能发现其中的秘密。

（1）喝酒时紧紧抓住酒杯、拇指按住杯口

那些愚蠢的人在喝酒时总是喜欢紧紧抓住酒杯，拇指按住杯口。他们这样做，是为了将杯子拿得更牢，以便对方要求豪饮时一饮而尽。假如条件允许，他们来者不拒，如果对方要求，他们也会一醉方休。

（2）喝酒时紧握杯子，拇指顶住杯子边缘

那些聪明的人在喝酒时，用力紧握杯子，拇指用力地顶住杯子的边缘。他们会巧妙地应付对方的敬酒，饮酒量保持在一定的限度。假如他们不想喝醉，任凭对方如何劝酒，他们也能很好地把握自己。

（3）喝酒时紧捂住杯口

那些虚伪的人喝酒时紧捂住杯口，好像有意掩盖自己的真情实感。他们不轻易在别人面前暴露自己，害怕别人看他的目光与他自己所希望的不一致，还害怕丢面子。

（4）喝酒时一只手紧握杯子，另一只手漫不经心地划着杯沿

那些好动脑筋的人喝酒时喜欢用一只手紧握杯子，另一只手则漫不经心地划着杯沿。他们把喝酒当成一种简单的外在活动，而酒的味道则无关紧要。

（5）喝酒时握住高酒杯的脚，食指前伸

那些贪婪的人在喝酒时，喜欢握住高酒杯的脚，食指前伸，故意显出高雅和与众不同。这类人青睐有钱、有势与有地位的人。

客户摘掉衣服上并不存在的“绒毛”，是不赞同你

客户摘自己衣服上的毛，是反对信号

苏菲与客户道别并约好下次见面的时间后，就转身走进了旁边的餐厅。

苏菲的顶头上司刘经理刚才就坐在隐蔽处观察着苏菲与客户的一举一动。苏菲兴高采烈地走到刘经理面前，一脸得意地问道：“刘经理，我刚才的表现怎么样？”

苏菲刚才一直侃侃而谈，她相信凭自己把客户侃晕的本事一定能赢得销售部销售冠军刘经理的赞赏。然而，出乎苏菲意料的是，刘经理轻叹了一口气说道：“苏菲，你的口才确实很好，但是你至少应该在客户表示反对的时候停顿一下，让他发表一下自己的看法。”

苏菲大吃一惊，疑惑地问道："他并没有否定我的意见啊！"

刘经理问道："那我怎么看见客户一直在抓自己衣服上的毛毛呢？真的是因为他衣服质量差，起了毛球吗？"

苏菲这才想起来，当提出自认为对对方非常有利的方案后，那位客户时不时地去摘自己衣服上并不存在的"绒毛"。当时自己并没有在意，以为是他的衣服起球了。没想到，这个动作却另有深意。

到见面的约定时间时，苏菲再次打电话给客户，客户却以自己另有要事在身推托。苏菲挂断电话，长长地叹了一口气。

在职场中，假如一个人对对方的观点表示反对时，他有可能直接反驳，但更多时候，他认为没必要提出反驳意见给双方造成不愉快。因此，他会选择不表达反对意见，但是他内心的反对情绪会通过一些小动作表现出来。比如，伸手摘掉身上并不存在的"绒毛"等。

事例中的客户因为不想给双方带来不愉快，便选择不表达反对意见，通过摘掉自己身上并不存在的"绒毛"这一动作来表现自己内心的反对情绪。

然而，在苏菲与客户交谈的过程中，她丝毫没有注意到客户的这一举止，结果流失了一位客户。

上面的事例告诉我们一个道理：在与客户交谈时，不要忽略客户的一些小动作。他们转动手中的杯子，或者低垂着头，这看似漫不经心的小动作，实际上却在告诉对方："说什么呢？""真是搞笑。""这怎么可能？"即使对方抬起头来看着你点点头，或者口中说着"嗯……对……好……"只要他那些小动作不断，我们就能断定对方内心深处并不是真正地表示赞同。

不管在职场中，还是在生活中，哪些动作是反对的信号？你们有注意到吗？下面将作一个总结以供大家参考：

（1）伸出食指来回摆动

手臂弯曲，手心向着谈话对方，轻握拳，只有食指伸直，随着小臂左右摇摆，并伴随脑袋而左右晃动。这个动作表示坚决不同意，反对某一事情。

（2）故意摘自己衣服上的“绒毛”

当一个人故意做出摘除自己身上不存在的“绒毛”这个小动作时，就表明他反对交谈对象的观点。假如对方不好意思说出他的反对意见，但又想让你知道他反对的立场，他就会将表示反对的小动作做得更明显一些。

（3）闭缩眼睛

当你与对方交谈时，他闭缩眼睛，你就应该停止说话。因为闭缩眼睛的基本含义是反对，不要勉强去促成。

（4）摇头十分明显且频率特别高

当摇头表示明显反对时，人们的头部动作就会左右摇晃得十分明显，而且频率特别高。这个动作暗含着对对方所说的话非常不耐烦。

以忙为借口的客户在等你三顾茅庐

乔合是一家公司的市场部主管。最近，他们公司开发了一款新产品。李总是他们公司的重要客户，乔合拿到新产品后，就立即给李总打电话说：“李总，我们公司最近开发出一款新产品，您看下周二方便吗？如果方便的话，我把我们的产品拿给您看下。”

李总略微思考了一会儿说：“我看情况吧，我最近实在太忙了，你提前跟我的秘书联系下。”

“好的，好的！”乔合闷闷不乐地挂断了电话。

经理路过乔合身边，见他愁眉不展的样子，便问道：“发生什么事了？”

乔合把自己约李总的事一五一十地告诉了经理，经理听后大笑着说：“我说什么事呢！他说忙，不过是借口而已。”

“啥？”乔合惊讶极了。

“一般来说，以忙为借口拒绝你的人只是需要你的再三邀请，我跟这些老滑头打交道这么多年，早就琢磨出来了。”经理耐心地说，乔合却听得一愣一愣的。

“你知道三顾茅庐的故事吧？诸葛亮为什么要等刘备再三邀请，他才答应与他见面呢？这里面可大有文章。诸葛亮就是要借此来强调自己的地位，否则，刘备怎么会那么重视他呢？”

听完经理的一番话，乔合如梦初醒，他又立即给李总打了一个电话说：“李总，不管你有多忙，都请您抽出一点时间给我，我们公司新开发的这款产品绝不会让你失望的。”

“哦！那这样吧！我跟我的秘书说一声，让她给我安排出一点时间来。”听到李总的话，乔合高兴得合不拢嘴，向经理竖起了大拇指。

在工作中，当我们邀约他人时，常会被对方以忙为借口拒绝。他们是真的忙吗？其实不然，忙不过是假象，目的只是突出自己的身份。因为在大多数人看来，人们对那些容易得到的东西往往不珍惜。所以，当别人有求于自己时，他们总会以忙为借口推托，以此来突出自己的身价，希望获得对方足够的重视。

其实，在人际关系中，我们很多人对那些平常很容易就能见到的人，并不会太重视；而对那些经过再三邀请，对方却因为忙而一推再推的人会愈加重视，仿佛经过努力得来的见面机会才会显得弥足珍贵。

事例中的乔合在邀请李总时，被对方以忙为借口拒绝时感到沮丧不已。恰巧碰到经理，经理与他进行一番沟通后，他恍然大悟，再次言辞诚恳地邀请李总时，李总便适时答应了。

可见，如果我们知道了所谓的“忙”只是需要你再三邀请的话，那么你就能找到突破口。我们知道了人的这种心理，在联系一些重要人物而遭到拒绝时，我们采用的最好方法就是再三邀请。而且我们在邀请对方时，一定要表达出自己足够的诚意，同时有意提起并加重对方忙碌的程度，以显示你知道他很忙，潜台词是你知道他的身份不一般。

一般来说，当对方觉得摆架子的火候差不多时，他自然会答应你的。如果你的邀请非常重要，对方心里也非常清楚。他绝不会为了摆架子，而白白浪费一个大好机会。

值得注意的是，“忙”有时候也是拒绝的一种代名词，他其实是想拒绝，但又不好意思说出口，只好以“忙”为借口进行拒绝。比如说你的邀请确实对对方没有吸引力，在这种情况下，我们更应该让自己的邀请有吸引力。

当然，对方有时候确实很忙，抽不出时间来。所以，我们要具体问题具体分析。总之，我们再三邀请显示出我们足够的诚意，不管对方是何种原因，我们已尽了最大努力，无论成与不成，我们都无怨无悔。

对方脚尖踮起，表示愿意与你合作

唐斌是一家咨询公司的市场经理。有一次，公司有一位非常重要的客户需要去洽谈，总经理便把这个任务交给了唐斌。

唐斌按照约定的时间早早地来到了约定的地点——一家高档的咖啡厅。一见到客户，他非常热情地与客户握手，给客户留下了良好的第一印象。

待双方坐定后，唐斌便将公司的资料与自己的名片一并递给客户，并详细讲解公司的业务流程。客户一边看资料，一边乐呵呵地说："早就听闻贵公司管理制度非常完善，今天听你这么一介绍就知道果然名不虚传，能与你们合作真是一大幸事。"

唐斌听客户这么说，心里自然乐开了花，也笑着说道："是啊！我也早听说李总您了，今天能跟您面对面地交谈，也是我的一大幸事啊！既然如此，李总那您看我们的合同……"

客户摆了摆手说："不急，不急！我们先喝喝咖啡，聊聊天。"

客户这句话让唐斌捉摸不透，他不知道客户心里到底怎么想的，是不想让我难堪，让我自己退出，还是他比较谨慎，希望多花一些时间了解详细一些。就在唐斌百思不得其解时，他突然注意到客户桌下的双脚，他发现客户坐在椅子上，脚尖踮起。这一发现让他欣喜不已，他知道对方心里也渴望签合同，但可能还存在一些疑虑，需要再证明什么。只要善加利用，双方就可能达成互惠的协议。

因此，唐斌笑着说道："是的，是的，这样的机会挺难得的。我们得好好地聊一聊。"在聊天的过程中，唐斌发现客户的话题总是围绕公司聊，比如公司去年盈利多少，公司现在的人员状况等。唐斌都一一作答。

最后，客户果然拍着唐斌的肩膀说道："跟你洽谈业务真是一件很愉快的事情，我们现在看看合同吧！”说完，拿过合同就签上了自己的名字。

当客户的话语让你捉摸不透时，你有没有注意到他的肢体语言，也许从这里你能找到自己想要的答案。

脚尖的方向不但表示此人想去的方向，还表示对所指向的人感兴趣。脚尖虽然距离人的大脑最远，但很多时候所反映出来的却是一个人最真实的心理状态。所以，腿脚是一个人最真实的身体部位。一个人的面部表情可能欺骗我们，但他们的脚却不可能骗我们。因为我们从小在父母的教育下，就学会了控制自己的面部表情，学会了强颜欢笑，而往往忽略了对脚的控制。

一些心理学研究发现，假如一个人的情绪高涨，身体就会不自觉地做出背离重力方向的动作，比如脚尖着地、脚跟抬起或者脚跟着地、脚尖抬起，这都是情绪积极的表现。相反，如果人的情绪不高，甚至兴趣全无，身体就会不由自主地横向移动，或者干脆选择离开。如果你仔细观察一个人的脚部动作，就能发现意想不到的秘密。

事例中的唐斌正是因为发现了客户脚尖踮起这一动作，才从他的这一动作中读懂了客户还有所顾忌的心理。他巧妙地利用了客户的这一心理，最后成功地签下了订单。假如他当时忽视了客户脚尖踮起这一动作，也许就错过了这次签单的机会。

在与客户谈判时，如果你注意到了客户的这一动作，那么不妨善加利用，促使双方达成互惠的协议。

脚尖距离人的大脑最远，但很多时候所反映出来的却是一个人最真实的心理状态。假如你仔细观察，就能发现对方潜藏的其他信息。我们一起来看看：

（1）脚尖从指向自己转为指向门表明其想离开

心理学家认为，脚部转动的方向，尤其是脚尖转动的方向，是表明对方是否想要离开的最好信号。在与客户交谈时，假如你发现客户的脚已经不再对着自己，而是向另外一个方向转动，或者是指着门的方向，这往往意味着他想要离开了，你就应该识趣地意识到这其中可能出了什么问题，不要再继续“麻烦”对方了。

（2）频繁地踢脚表明对方拒绝

美国心理学家罗伯特·索马通过实验证明，当一个人被他人过多地侵入内心世界时，最初的拒绝方式是频繁地踢脚尖。在与客户洽谈时，假如你发现你的客户开始踢脚尖了，你就应该明白，对方已经心不在焉，甚至是开始抗拒和拒绝了，这时候你最好转换话题。

（3）用脚尖点地板意在警告你别再前进

在与客户洽谈时，客户不断地用脚尖点地板就是在向你发出警告：不要再过来了，否则别怪我不客气。此时，你就应该保持这个距离不动，不要继续侵犯他的“领地”，与其步步紧逼，不如给客户一个安全范围。

（4）一只脚的脚踝搭在另一条腿的膝盖上表明其不服输

在与客户洽谈时，客户一只脚的脚踝搭在另一条腿的膝盖上就表明他此时正抱着不服输或争胜的态度。你的推销或者解说还没打动他，需要进一步解说。

（5）脚趾向上翘起表明其心情愉悦

当一个人心情不错，或者听到什么令自己高兴不已的事情就会不由自主地将脚趾向上翘起来，并指向天空，而脚跟还处于着地状态。如果见到客户做出这种动作，就表明对方对你的产品很感兴趣。

5.

客户揉搓双手，你已经胜券在握

揉搓双手的人，对你说的事情充满期待

天冷的时候，人们喜欢揉搓双手，因为这样可以摩擦生热，让双手温暖起来。可奇怪的是，在大热天里，也有人揉搓双手，这肯定不是因为手冷，那这个动作反映出什么信息呢？

王娜是个房产经纪人，一天，她像往常一样在整理客户资料，准备等一会儿给潜在客户打电话推销房子。

突然，一位中年男士步履从容地走进售楼部，来到王娜面前打听房源信息。虽然对方嘴上说“我只是来问问情况，了解一下当前的房市，买房的事情不着急”，但王娜从他的穿着打扮、谈吐气质等方面来看，觉得他应该是一位商人，是个潜在的客户。所以，就推荐了几套比较符合对方期望的房源，并细心观察他的言谈举止，希望找到突破口。

就在王娜介绍到一套景观别墅时，这位男士的眼睛亮了起来，双手不自觉地揉搓起来，并且这个动作持续了很久，直到王娜把这套别墅的情况完全介绍完为止。

王娜是个久经沙场的老将，看到客户的这个举动，自然不会错过乘胜追击的机会。她当即给客户降了点折扣，并告诉对方："这套房有多位客户来看过，如果您真的想买，那就赶紧定下来，因为我怕被别人买去了。"

客户没有推辞什么，就爽快地交了 5 万元定金，并承诺三天之内来补交剩下的房款，签订了购房合同。

从这个事例中，我们可以看出，当一个人对某件事充满了无限期待和向往时，或在做某件期待已久的事情时，都会流露出这种兴奋的神情，而且这种期待是饱含自信的。

我们不妨来回忆几个经常出现揉搓双手的场景：

朋友来到你的家里，告诉你他将在国庆长假期间去国外旅行，或是去观看某个重大赛事，或是去听某位歌星的演唱会。在谈话过程中，他的身体放松地靠在椅背上，笑眯眯地看着你；在讲话过程中，他不断地摩擦手掌，兴奋时还会大叫："你知道吗，我很久之前就期待去那里了，过几天我真的就要去了，而且机票都买好了，我真恨不得这一天快点到来。"

在篮球场上，每当球员有罚球的时候，他通常先将两手反复摩擦，再接住裁判扔过来的篮球，然后做准备动作并罚篮。这个搓手的动作就是一种积极的心理暗示，表示球员对自己的罚球很有信心，很期待通过罚球拿分。

在赌博场里，当一个赌徒准备掷骰子时，他总是先将骰子置于掌心之内，然后反复摩擦。同时嘴里还念念有词，这个动作是希望掷出一个对自己有利的数字，好让自己在赌博中成为赢家。

在晚会现场，主持人会一边摩擦手中的话筒，一边说：“现在，让我们请出下一位演讲者，他是一位德高望重的人物，让我们用掌声欢迎他登台。”

销售员拿到一个大订单，回到公司向领导汇报工作时，往往会满心喜悦地讲述，同时双手揉搓，精神处于高度兴奋状态。

生活中，双手揉搓这个动作不只是在以上几个场合出现，它的应用是非常广泛的，属于手部常见的动作。其含义不言自明，从当事人的说话姿态和精神状态中就能觉察出来，那就是对即将发生的事情充满自信和期待。

具体来说，双手揉搓还有一些变化动作，它的含义也会随之发生变化。

比如，销售员向你推销其产品时，不断地快速揉搓手掌，可能说明他有信心让你从产品中受益，潜台词是：你只管放心买我的产品就是了，保证不会让你吃亏。

反之，如果他慢慢地揉搓手掌，那你就要小心了，因为这个动作说明这次推销的受益者是他，而不是你，即他很可能在忽悠你。比如，开价较高，或产品质量不行，一旦你买了他的产品，很可能吃亏上当，或多花了钱。

再者，如果服务员在饭店即将打烊的时候走过来，揉搓手掌问你：“先生，请问你想吃点什么？我们饭店有很多特色菜！”这时你最好别太当真，因为他的手部动作与他的话意相反——希望你赶紧离开，因为饭店马上就打烊了，你可别耽误他下班的时间。

双手揉搓还有另外一层含义，代表内心忐忑不安。比如，初次登台演讲的人，在登台之前，就开始揉搓双手，在台上讲话的过程中，也不断地揉搓双手。在这种情况下，揉搓双手就不是表达期盼，而是内心紧张、不安的反应。

有时候，人在揉搓双手时，手心还会出汗，这说明他内心极度紧张、恐慌。比如，做了坏事，自知要受到法律制裁的被告人；还有被人收买，出庭作伪证的人。通过观察他们双手揉搓的力度、是否有汗，可以更准确地掌握他们的真实心理。

另外，理解双手揉搓这个动作的含义时，一定不要离开它的特定情境。比如，在寒冬的清晨，有个人在公交车站等车，双手不停地揉搓在一起，你可别自作聪明地认为他很期待公交车的到来。因为这个时候，他揉搓双手的根本原因是手冷。

引君入瓮，让客户跟着你的思路走

一位汽车推销员在销售过程中，与客户交谈进行了这样一次对话：

推销员："请问您需要载货多少吨位的汽车？"

顾客："这个很难说，大概两吨吧！"

推销员："哦，是不是有时候载货多，有时候载货少？"

顾客："是的，是这样的，载货数量说不定的。"

推销员："到底买哪种吨位的汽车，一要看您载什么样的货物，二要看您在什么样的道路上行驶，是这样吧？"

顾客："是这样的，不过……"

推销员："是不是有时货物太多，您的汽车在超载状态下行驶？"

顾客："是啊，就是这个问题嘛！"

推销员："那长远来看，您认为买一辆怎样的汽车才叫值？"

顾客："当然要看汽车的寿命，寿命越长越值。"

推销员："一辆经常超载的车，另一辆从不超载或很少超载的车，您认为哪辆车的寿命更长？"

顾客："当然是从不超载的那辆车寿命长！"

推销员："是的，那么我建议您买一辆载重4吨的汽车，这比买载重2吨的货车更值当。"顾客深表赞同，爽快地签订了购车协议。

想要说服别人，就要设法让他跟着你的思路走。而要想别人跟着你的思路走，最有效的方法就是让别人认同你说的每一句话。只要让对方一直开口说"是"，你就能驾驭他的思路，让他进入你预设的沟通目的之中。

反之，假如别人一开始就与你意见不合，那他就会反对你、抗拒你，这样你说得再多也无济于事。从心理学角度来讲，当一个人对某件事说出了“不”字时，无论是在生理上还是在心理上，他都会比说其他的字更紧张些，他所有的生理机能，包括分泌腺、肌肉等，都会进入拒绝的状态，整个神经组织都会准备反驳你、抗拒你。

所以，引导别人的思路跟你走，就要在一开始让对方说“是”。这对你的提问能力是一个考验。有时候，看似多此一举的提问，实际上有着很大的意义。比如，销售员问客户：“你刚吃饭吧？”“听说你最近有想换车的想法？”目的是让客户不断回答“是”。

上面例子中的推销员，看似和客户在进行一段平淡无奇的对话，但他所提的每个问题、所说的每句话都在有意识地引君入瓮。通过客户不断地回答“是”“没错”“对”，销售员不仅摸清了客户的心理，还能逐步让客户觉得销售员是他的同道中人。这样双方的聊天会越来越轻松，越来越融洽，直至最后成功推销。

除了设法让别人说“是”，我们还可以通过以下策略去引君入瓮。

（1）对他人进行巧妙的暗示

高明的沟通者在正式沟通之前，往往会向对方进行巧妙的暗示。以销售员为例，他们在与客户正式谈论产品之前，会说一些题外话，比如，夸奖客户，暗示客户。例如：

销售员对客户说：“先生，您家的房子真是大气时尚，内部格局这么精致，真是羡慕您啊！”

客户笑着说：“是吧，我家的房子不错吧，谢谢夸奖！”

接着，销售员开始对客户进行暗示：“是啊，是我见过的房子中数一数二的漂亮房子，如果您用上我们的装饰产品，那肯定会成为这一带邻里中最漂亮的房子！”

做出了这个暗示后，销售员会给客户一些消化的时间，以便这个暗示逐渐渗透到客户的意识里。当销售员认为客户有了购买意向时，他会这样说：“先生，您马上就要装修房子了，想不想使用我们公司的装饰产品，为您的房子增添几分色彩呢？”

通过这个提问，让客户的思路集中到是否应该购买产品上，再通过产品介绍，就能进一步打动客户了。

（2）抛出问题让对方思考

在交谈过程中，如果你只顾滔滔不绝地讲，而不顾听众是否乐意倾听，是否思考了你的话，是否认同你的观点，这样是达不到满意的沟通效果的。

高明的沟通者懂得抛出一些问题让听众思考，比如，汽车销售员问顾客：“你觉得买车是看动力，还是看空间，或是看价位，抑或是看品牌？”售楼员问客户：“你觉得房子的楼层重要，还是内部格局重要？”通过这些问题引发对方思考，探听对方的想法，再有针对性地引导客户。

（3）把自身经历融入交谈中

在交谈中，要想给对方一种亲身经历的感觉，那你最好多讲一讲自身的经历。因为讲自己的经历，哪怕是杜撰的经历，只要合情合理，不那么浮夸，也很容易给听众制造参与感、代入感，继而引起听众的共鸣。

俞敏洪曾在一次演讲中说：“当时想着一定要考进大学，但没想过进北大，只知道拼命读书。所以当我拿到北大录取通知书的时候，真的是仰天大笑然后号啕大哭，跟范进中举一模一样。”这段话让听众不知不觉地回想起自己读书时的情形，有一种很强烈的代入感，很容易使听众产生共鸣。听众似乎听了一段有趣的真实故事，在不知不觉中，思路就跟着俞敏洪走了。

十二种性格客户的推销攻心策略

虽然人的性格复杂多样，但是却并不是没有规律可循。这里谈及大部分情况中的十二种性格，并对其进行分析，给推销员以合适的推销方式。

（1）忠厚老实型

这类性格特征的顾客一般会在心中设定“拒绝”的界限，不过如果推销人员能够客气并且说得句句在理的话，他们通常很容易点头称是，并逐步放松对推销人员的警惕。

推销员面对此类顾客，在会谈时最重要的就是让他们点头说是，等到关键时刻，可以通过反问：“您看这么好的产品，不买多可惜呀，您不想买吗？”这种关键时刻反问的效果就是瓦解他们的防御心理，让他们在不知不觉中完成交易。

（2）自我吹嘘型

自我吹嘘型的顾客一般喜欢自吹自擂，夸耀自己见多识广，因此，推销员应该首先当一位忠实的听众：津津有味地听，时不时地点头夸好，为对方喝彩。当他们的虚荣心得到了满足后便十分开心，买销售人员的产品也就变得十分自然。

和自我吹嘘型顾客交往的一个技巧就是把握好自己的时间，在说明自己的产品之后要及时收尾。推销员可以说：“真是荣幸和您这么有见识的人交流，不过，我不想过多地打扰您的时间，您看您想要多少我们产品呢？”

（3）冷静思考型

冷静思考型的顾客的表现特征一般为双方初次见面时，顾客只会与推销员握个手、寒个暄，仅此而已。在交谈过程中，他们通常都是扮演听众的角色，他们思索，他们以犀利的怀疑眼光打量着对方，打量着产品，适时地提出很多问题。

在推销过程中，推销员一定不要表现出一种迫不及待的样子，而是要十分真诚、十分有分寸地介绍好产品的性能特征，一旦从源头上打消了他们对产品质量和产品售后服务的顾虑，他们就会逐步建立起信任。在经过他们理性的思考和分析后，他们便会作出理智的选择。

（4）冷淡严肃型

冷淡严肃型的人通常分为两类情况：外冷内热型和冷淡傲慢型。无论是哪种具体情况，他们一般表现出来的都是一副冷淡而不在乎的样子，而且一般表现得十分让人难以接近。

若顾客是外冷内热型的，那么推销人员完全可以通过对产品的谨慎说明诱导出他们购买产品的热情和冲动情绪。在让他们对产品感兴趣后并和他们建立友善的关系，他们就是长期的合作伙伴。

若顾客是一位冷淡傲慢型的人，推销人员可以通过激将法引起他们的辩驳，并通过最终购买的行为来证明他们是什么样的一种人。这种激将法就是对付他们的最好方法。

（5）内向含蓄型

和外冷内热型的人有点相似，却又在很大程度上不同，内向含蓄型顾客在外表上安静冷漠的同时还局促、拘束，不愿应酬，甚至有些神经质，在妇女中较多。

推销员如果在推销时遇到这类顾客，就应该谨慎稳重，细心观察他们的情绪以及行为方式的变化，坦率地和他们交流并多多鼓励。在与其交流时要适时地选择合适的话题，让他们消除紧张，建立起值得信赖的友谊。

（6）先入为主型

有些顾客在还没有行动时貌似就有了准备。“我只看看，不想买”这种表述的人明显就是“先入为主型”的典型。

面对他们要真诚地接近，再在条件允许的情况下给予一点优惠，让他们动心，他们就会否定自己原来的态度而变成只要条件允许他们就会购买。

（7）豪爽干脆型

豪爽干脆类型的人一方面开朗乐观，做事积极决断力强。推销员不能婆婆妈妈，在言行举止上要显得如同北方人的豪爽奔放，不能啰唆个没完却没有重点。只要简短地介绍完产品的用途和特点，然后坦率地提建议即可，而不需要对顾客左讲右聊。最后以一句话结尾："买不买，一句话。"这会使顾客觉得销售人员十分"够意思"，买个产品交了个朋友。

（8）滔滔不绝型

有一种人总是爱说话，被人们称为"十分能侃"。只要他们开口就很难再停止，他们口若悬河，东扯葫芦西扯瓢，没完没了。

应对这种类型的顾客，推销员就要保持一定的耐心，顾客心情高涨时切不可打断；然后抓住时机，找准谈话机会，将谈话人引回到自己要谈及的话题中。

（9）圆滑难缠型

比滔滔不绝型的人更糟糕的是还有类人，他们十分世故难缠，老练圆滑，即使许下了诺言也不一定能够实现。他们不但向推销员索要各种各样的资料，更是不断地提出各种尖刻的问题，或者不断地拖延、砍价，但是至于他们买不买，却很难判断。

而对于顾客的尖锐问题，推销员要尽量避开，不予正面回答。不过，推销员既然可以学会制造僵局，让顾客进入紧张氛围，也需要学会缓解紧张气氛，让顾客最终购买产品才是重点王道。

（10）感情冲动型

感情冲动型的人很容易受外界因素的影响，这类感情冲动的人一般不会顾及后果，他们可以打断推销人员的话语，随着自己的性子妄下断言，自有判断，脾气上来了反悔自己原先的承诺和话语也不是没有可能。

面对这类顾客时，推销员一定要抓住他们的性格及情绪波动情况。抓住他们心情舒畅的机会和他们做出买卖的决定；而当他们心情抑郁时则尽量避免，争取不在这种时候和他们接触。

（11）吹毛求疵型

吹毛求疵型的人通常都喜欢挑毛病，鸡蛋里面能挑出骨头来。他们认死理，争强好胜，从来不会认输。那么该如何抓住他们性格的软肋呢？

作为推销员，无论如何都没有必要和顾客引起争议，即使是生意不做了也无须得罪顾客，引发负面效应。推销员可以通过迂回战术，先是假装争辩，然后赞美对方，让对方觉得自己在双方辩论上已经赢了面子，再忍受一下这个时期顾客的发泄，让他们彻底觉得自己真的很高明。直到他们自己也觉得过意不去甚至表现出不好意思。推销员就可以趁势进入推销主题，最终敲定交易。

（12）生性多疑型

有一种人他们对家庭、工作等各方面都十分不满，尤其是在某方面上过当受过骗之后更是不愿意相信别人。面对推销员，他们只有一个概念："骗子。"

面对此种类型的顾客，推销人员一定要亲切以待，不可施加压力，千万不能与其争辩。在进行产品的推销说明时，态度言语之处一定要以顾客的情绪为重点，让其首先缓和心态，然后用十分有说服力的语言如权威评价等让其信服。因此面对此类顾客，推销员一定要在专业知识上做足功课。

以上各种性格类型的顾客都是在正常生活交往中经常遇到的，无论是哪种，作为推销员都应该熟知并能自如地运用心理知识，针对不同的类型采取不同的措施，最终销售出自己的产品。

第三部分　职场行为心理学

——把话说到上司、客户、下属的心坎上

九、想从基层升到中高层，察人用人很关键

俗话说，一个好汉三个帮。
想要出色地完成上司交给的任务，
一步一步从公司基层执行人员上升到中高层管理人员，
就要懂得平级同事的性格特点，
与他们和谐相处，并慧眼识人，
用好、管好自己的下属。

与同事保持安全的人际距离

有的人与同事交往喜欢亲密无间，就像三国时的刘关张一样，天天吃饭在一个桌子上，睡觉也挤在一张床上，以为只有这样才能体现友谊的深度。其实这是非常错误的，同事之间走得太近了反而会破坏彼此的关系。所以，在职场搞好人际关系的同时，还要学会跟同事保持一定距离。

同事之间太疏远固然不好，但走得太近也会平添不少烦恼。因为，同事之间毕竟存在着利益上的一些联系，而不是纯粹的朋友那么简单。如果把私人感情加到对方身上，结果往往会伤害自己。因此，不让同事过多了解自己的私人生活，也是为了保护自己。

有这样一个小故事，是说两只小刺猬，因为天气实在太冷了，所以一起躲在一个洞里。它们尽量蜷缩着身子，即使这样仍然被冻得瑟瑟发抖。就在它们感觉快要被冻僵的时候，其中一只刺猬突然灵机一动，向另外一只建议道："我们靠紧一点，或许身上的热量会散发得慢一点。"另外一只也觉得有道理，于是，它们开始了尝试。但没想到的是，由于它们靠得太紧，它们身上的刺刺到对方了。

虽然第一次尝试失败了，但由于它们在被对方刺痛的同时，也确实感到了对方的温暖，所以它们没有气馁，又开始了第二次尝试。这一次，为了不伤害对方，它们开始小心翼翼地一点一点地靠近，最后，它们成功了。它们终于找到了一个合适的距离。

这个故事说明，只有有节制有理智的交往才是正确的交友态度，同事之间不能毫无顾忌。有人把人际交往的距离准则比作"刺猬理论"，特别是在同事之间，因为理念、文化、性格等各个方面的差异，必然会造成亲疏之分。

事实上，同事之间考虑更多的是利害关系，而不是水泊梁山式的兄弟义气。如果你对同事不能有任何帮助，又怎么能指望同事对你伸出援手？

古人说“得道多助，失道寡助”，放到同事之间，这个道就是你的能力。你必须体现出自身价值，对同事有所裨益，才能在需要时得到同事的回馈。那么与其说是同事在帮你，不如说是你自己在帮自己。

与此同时，同事之间也存在着激烈的竞争。一方面是亲密无间的战友，另一方面又是旗鼓相当的对手，这就是同事。如何处理合作与竞争的关系，这在职业生涯中相当重要。

同事之间的竞争，好比同气连枝的两棵树争夺水分和阳光，是和平的竞争。而对手之间的竞争，则好比狮子和老虎争夺一片森林，是生死攸关的性命搏杀。假如蔺相如不管三七二十一，跟廉颇争斗起来，一旦秦国大兵杀到，谁也逃不脱掉脑袋的厄运，更别提谁更牛气的问题了。同事之间的竞争是为了团结，为了双方更好地发展。和则两利，离则两伤，这是同事之间竞争的基本原则。

（1）切不可自恃关系密切而无所顾忌

有个人家里出了一点麻烦，可他并不想让别人介入这件事。可是有个同事有一次到他家去，感觉气氛不对头，于是就不断问：“怎么回事？你家出什么事了？”

这种“无微不至”的关怀，让人不堪忍受！搞得同事很厌烦。同事相交，重要的是双方在感情上的相互理解和遇到困难时的互相帮助，而不是了解一些没有必要的东西。亲密过度，就可能发生质变，好比站得越高跌得越重，过密的关系一旦破裂，裂缝就会越来越大，同事势必会成冤家仇敌。

有些人自以为同事和自己心心相印，说什么他都不会计较，就对他当面诉说你对他本人的不满。也许你的同事并不像你想象的那么大度，很有可能记恨在心，而伺机暗中布设圈套陷害你。因此，你在坦言之前，最好认真思考一下这样做的后果，看对方是否能够接受，是否会产生逆反心理，是否感到你的行为过于轻率，是否会影响到你们之间的友谊。当你发现对方心胸比较狭窄的时候，必须认真考虑对方有没有实施报复行为的可能性。

（2）想要控制同事的想法是愚蠢的

有的同事，他们不可抗拒，盛气凌人，在与同事的交往中，总喜欢指手画脚，不管同事的想法如何，都要求同事按照自己的意愿去做。这种做法无疑为友谊的发展埋下了不祥之笔。如果你想对同事说“你应该”“你不应该”“你最好”“你必须”之类的话，那么你无疑是想控制同事，这种做法会使同事感到很不愉快。如果你是被控制的，不要认为有人为你操心一切是再好不过的了，控制你的同事也不是知心的同事。谁都不希望被任何人统治，每个人都希望平等地交往。

亲密的友谊，是在理解和赞扬声中不断成长的，不应该是粗鲁的、庸俗的。该拒绝时不要迟疑。当然，帮助同事是应该的，尤其是主动地和心甘情愿地帮助需要你的同事。但是，如果你是被某种心理上的压力所迫，对一切都点头答应，这实际上是在屈服于另一种性质的某些动机，那会失去自己做人的原则和方向。

（3）与同事该淡则淡，该浓则浓

“君子之交淡如水”，这句话经常被人说，但其实总是淡也不好，同事在一起冷冰冰的，没有什么意思，所以这句话得与另一句话联系起来理解，“水至清则无鱼，人至清则无友”，同事之间还是该淡时淡、该浓时浓最好。

何谓“浓淡相宜”？简单地说，就是不要太过亲密，一天到晚在一起。也就是说，心灵是贴近的，但肉体是保持距离的。能“保持距离”就会产生“礼”，尊重对方，这礼便是防止对方碰撞而产生伤害的“海绵”。

与同事交往，距离并不是情感的隔阂，保持适当的距离可以把对方看得更清楚。交友时，必须把握好交往过程中主客体间的空间距离以及心理距离，要考虑到双方之间的关系、客观环境的因素，不要随便去了解对方。

把烟头踩灭的同事不服输

肖萧与邓浩一同进入公司。肖萧性格沉稳，做事三思而后行，总是从全盘考虑；而邓浩性格比较急躁，想到什么就做什么，具有很强的执行力。他们两个人各有优点，因此，都深得总经理的重视。

也许正因为如此，慢慢地，他们之间形成了很强的竞争力，成为竞争对手。当肖萧拿下一个订单，那么没过几天，邓浩也会签下一个订单。当邓浩这个月领了奖金，那么下个月就一定是肖萧领。因此，他们表面上很友好，实际上却暗暗地较着劲。

有一次，公司需要策划一份文案。肖萧与邓浩的文笔都很不错，因此，总经理把这个任务交给他们两个去完成。当他们的文案交上来后，总经理仔细地看了看，发现肖萧的文案考虑得更全面，可操作性更强，于是就决定采用肖萧的文案。肖萧得知这个消息后，便在办公室里宣扬开来，同事们都羡慕不已。

邓浩知道这个消息后，立即将嘴上的烟头扔在了地上，并使劲地踩了几脚。肖萧害怕他们因此反目成仇，连仅存的一点表面友好也可能丧失，于是便决定去找邓浩谈谈。

见到邓浩时，邓浩正在使劲地踩烟头。见到邓浩这一动作，肖萧感到不解，烟头又没惹他，他怎么拿烟头出气呢？真是不可理喻。就在这时，肖萧想起自己曾经看过一本行为心理学方面的书，书上说："把烟头丢在地上，并用脚踩灭的对手不服输。他们具有很强的攻击性，喜欢讽刺、贬低他人来获得满足感，对待这种人的最好方式就是低调，给他自由宣扬的空间。"

想到这里，肖萧走了过去，拍着邓浩的肩膀说道："其实，你的文案写得真不错！早知道，我们俩商量后再写，把你的观点与我的观点融合起来，我相信这份文案会更出彩。”但邓浩还是有些不悦。

肖萧知道了邓浩的性格后，在后来的工作中，他变得很低调，从来不炫耀自己所取得的业绩。而邓浩每拿下一个订单，他都不忘在办公室里炫耀一番，让大家对邓浩刮目相看。很意外的是，肖萧与邓浩从那以后变得更加友好了。

在职场中，你遇到过像事例中邓浩这样不服输的人吗？面对这样的对手，应该怎么办？在职场中，同事与同事很可能为了薪资与职位成为竞争对手。在职场中，有一个竞争对手并不是坏事，因为竞争对手能促使自己不断进步。然而，攻击性很强的对手凡事都不服输，总是喜欢讽刺、贬低他人来获得满足感，以发泄自己的不满情绪。

不服输的对手攻击性过强，很可能做出伤害你的事。如何避免自己受到伤害呢？首先就要识别竞争对手是否具有很强的攻击性。那么如何识别呢？这就需要我们观察他熄灭烟头的方式，假如你发现对手将烟头扔在地上，并且使劲地踩几脚，那么这种人就具有很强的攻击性。就像事例中的邓浩一样。

面对攻击性很强的对手，我们要像肖萧一样，万万不可与其硬碰，而应该低调行事，避免炫耀自己所取得的成绩。只有这样，我们才能成功战胜对手，并化敌为友。否则，与其硬碰只会使自己受伤。

生活中随处都能看见那些吸烟的人，可是，不同的人灭烟头的方式却不同。千万不要忽略一个人灭烟头的细节，这是观察了解他内心状态与性情的一个重要依据。

（1）突然把烟灭掉

一般来说，在特别紧张或者恐惧的时候，吸烟者是不抽烟的。他们突然把烟灭掉，这说明出现了意料之外的事情，使他突然变得十分紧张。

（2）把烟头折成几段弄灭

把烟头折成两段弄灭者，性格开朗，坦率亲切，容易接受，但稍显轻浮，说话不算数，做事不牢靠。把烟头折成三段以上再弄灭者的人做事谨慎认真，有些神经质，好色，善于游说女性。

（3）把烟头丢在地上，用脚踩灭

这类人具有很强的攻击性，凡事不服输。他们不自信，不稳重，不善于提高自身的修养与能力，而是喜欢通过讽刺、贬低他人来获得满足感，以发泄自己的不满情绪。与这样的人交往，必须低调，给他张扬的空间。

（4）轻轻敲灭烟头

轻轻敲打烟蒂，直到有火的部分散落在烟缸里熄灭。这种人一般都是慢性子，办事慎重，待人温和，很注意对方的言谈举止。他们思考问题比较全面，具有一定的领导能力，但这种人不善于表达自己的意见，不善于表现自己，遇事举棋不定，缺乏魄力。

3.

留意同事的鼻子，别轻易激怒他

小华是一个活泼可爱的小女生，公司同事都非常喜欢她，喜欢与她打打闹闹。尤其是她的邻桌小王特别喜欢与她打闹，两人就像哥们儿一样。

一天下班，办公室里的同事差不多都走了，小王看见小华一脸沮丧地从经理办公室走了出来。他虽然发现她眉头紧锁，鼻孔胀大，鼻翼翕动，好像正处于极度恐惧之中，然而，捉弄她的心理却占了上风，他站在门边，当小华从他旁边经过时，他一下子跳了出来，小华先是吓了一大跳，随即火冒三丈："你想干什么，离我远点！"小华在说这话时，她的鼻孔变得异常胀大，睁大眼睛狠狠地瞪着小王。

小王一下子愣在了原地，久久没有回过神来，他怎么也没想到，一向活泼可爱的小华竟然会火冒三丈。他很想去安慰一下小华，可是，却不敢靠近她。

鼻子是我们的嗅觉器官，对外界的味道十分敏感，对自己不喜欢的气味，我们会情不自禁地皱起鼻子，做出鼻孔收缩的动作；在极度不喜欢的情况下，我们整个鼻子还会微微颤动。可是，当我们闻到自己喜欢的气味时，我们的鼻孔就会自然张大，有时还会下意识地翕动鼻翼，尽情地去吮吸这种气味。

其实，鼻子不仅对外界的气味很敏感，对我们内心的感受也非常敏感。换句话说，它也是表现一个人心理变化的标志。鼻子对难闻的气味皱起鼻子，所以，皱鼻也表示自己的厌恶之情……由此可见，鼻子也有自己丰富的"语言"，大家不妨从对方鼻子细微的变化中透视对方的心理。

然而，鼻子虽然位于我们面部的中央位置，起着"承上启下"的作用，但大多数时候都被人遗忘了其在微表情中的作用。

上述的小王虽然注意到了小华鼻孔胀大，好像正处于恐惧之中，但他并没有引起重视，让捉弄心理占了上风，结果引发了小华的情绪。如果他及早想到这点，适时给予安慰，就不会惹来小华一顿无名之火了。

所以，鼻子的表情虽然很少，但它也会显示一个人的内心世界。所以，我们在与他人交谈时，不要忽略了鼻子的作用。下面我们一起来看看：

（1）鼻子变色

一般来说，鼻子的颜色并不经常发生变化，但是如果整个鼻子泛白，就显示对方的心情一定畏缩不前。

（2）鼻子胀大

一般来说，一个人的鼻子胀大是表现愤怒或者恐惧，因为在紧张的状态中，呼吸和心律跳动会加速，所以会产生鼻孔扩大的现象。不过，鼻孔也会因为兴奋而胀大，因此，“呼吸很急促”一语所代表的是一种得意状态或兴奋现象。

至于对方鼻子有扩大的变化，究竟是因为得意而意气昂扬，还是因为抑制不满及愤怒的情绪所致，这就要从谈话对象的其他反应来判断了。

（3）鼻头冒汗

鼻头冒汗有时只是个人毛病。如果平日没有这种习惯的人，一旦鼻头冒出汗珠时，这就体现了他心理焦躁或紧张。因为紧张，鼻头才有发汗的现象。

（4）鼻翼翕动

当我们闻到好闻的气味时，我们的鼻翼会翕动。同时，当我们开心或者兴奋时，我们也会用鼻翼翕动这个动作来表达自己内心的喜悦。所以，当我们看到别人翕动鼻翼时，我们可以与之分享他的喜悦，增进彼此间的感情。

值得注意的是，不同的鼻型代表不同的意义，比如，鼻子大而宽的人性格豪放，做事冲动。所以在观察他人鼻子的微动作时，我们还要结合对方的鼻型来揣摩，这样我们才能更准确地掌握对方所传达出的信号。

用人管人不能太主观

松下电器曾有一个名叫山下俊彦的员工。起初，他只是一名普通员工。但松下幸之助慧眼识人，通过一段时间的观察和了解后，他发现山下俊彦有出众的能力，认为他是不可多得的杰出人才。

在工作中，山下俊彦对公司存在的弊端看得很透彻，且提出了非常有价值的改革意见，对公司贡献很大。当时的松下电器公司，凡是要职都被松下家族的人把持。尽管山下俊彦是外人，而且出身较低，但松下幸之助不计较这些，他力排众议，破格提拔山下俊彦担任松下分公司的部长。之后，又提拔他担任松下公司的多个要职，最后还提拔他担任公司的董事。山下俊彦不负众望，他的表现赢得了大家的认可。后来，松下幸之助再次提拔山下俊彦，任命他为总经理。上任后，山下俊彦迅速扭转了公司在市场上的不利局面，带领松下电器渡过难关，使公司不断发展壮大。

大到管好一家企业，小到管好一个团队，都不能缺少客观识人、客观用人的策略。要做到这一点，就必须抛开个人的偏见和他人的光环效应，全面、客观地了解部属，发现企业需要的人才，并将人才放在合适的位置上。

这样才能确保人才的价值得到最大的发挥，促使企业向前发展。不论是大名鼎鼎的微软、通用等公司，还是名不见经传的小企业、小团体，其发展强大的关键就在于人才，在于客观看人、正确用人。在这一点上，松下幸之助给我们树立了榜样。正是他的客观用人，才能让松下电器快速腾飞。

事实上，从古至今，在管理上出现的问题，最基本的原因就在于管理者没有做到客观地看人识人。要知道，管理的根本就是管人，而管人的根本就在于客观地认识人的能力，把他们放在合适的位置上。如果了解不客观，凭着主管感觉去用人，那往往会导致用人不善，给企业带来麻烦甚至灾难。所以，我们应该学习松下幸之助，做到公正客观地看人、用人。

（1）不能戴着有色眼镜看人

有些管理者总是喜欢以自我为中心，以自己的好感为评价人才的标准，自己喜欢什么类型的人才，就会高估他们。比如，有些管理者喜欢任用与自己性格类似、做事风格相近的人才；自己反感什么类型的人才，就会贬低他们或看不起他们。这样戴着有色眼镜看人，是不可能找到真正优秀的人才的。而且这样用人，很容易导致人才的知识结构、气质结构单一，影响企业发展。

（2）不要先入为主

很多时候，管理者会因为某个人给他们留下了较好的第一印象，就觉得对方不错，就把对方的优点不断放大，而忽略对方的缺点。反之，如果谁给他们留下了不好的第一印象，他们就会否定对方，将对方拉入“永不录用”的黑名单。

殊不知，这种强烈的主观意识会蒙蔽管理者的双眼，使其陷入“一叶障目，不见泰山”的误区，导致看人识人有失公正，错失人才，误用庸才，最终毁了企业。明智的管理者不会这么做，他们懂得走出固有思维，走出第一印象的误区，不断优化人才的评判标准，用客观的标准去衡量人才。

（3）不要太快下定论

评判一个人是人才还是庸才，光用眼睛看，用嘴巴提问，是很难了解透彻的。正确有效的做法是，给你认为的人才机会，交给他们一些工作，让他们在实践中去证明自己。这就好比我们初次购买一个电器，仅从外观上看，仅听销售人员介绍，是很难了解这个电器的性能的，只有买回来用一用，才能感受到这个电器的功效。所以说，对待人才要有耐心，评价人才要客观，切勿过快地下结论。

5.

名片印绰号的下属缺乏责任感

陆小峰是一个市场业务员，他的工作能力很出色，懂得如何跟客户交流、沟通，时不时地拿下一个大单子。但他有一个很不好的习惯，总喜欢在自己的名片上印上绰号或者别号，经理在赏识他之际，总是时不时地提醒他改掉这一不良习惯。然而，他虽然嘴上常说改，但从来不曾改过。

有一次，公司有一个非常重要的单子需要去签。市场经理思来想去，总觉得陆小峰是最好的人选，因为他的谈判能力很强，相信他一定能圆满完成任务。

这天，市场经理与陆小峰一起来到总经理的办公室，市场经理先向总经理介绍陆小峰，言语中不乏吹捧之意。正在陆小峰得意之际，总经理说道："把你的名片给我看看。"

陆小峰不明所以，立即递上自己的名片。总经理拿到名片一看，发现名片上并没有印着他的名字，而是印着一个绰号，他看到这里，不由自主地皱起了眉头。过了一会儿，他便吩咐陆小峰先出去。

陆小峰出去后，总经理对经理说道："我觉得他不能担当这份重任。"

市场经理惊讶地问道："何以见得？"

"你没发现他的名片上印着绰号吗？"总经理指着陆小峰的名片说道。

"我知道，我还一度地提醒过他，但他说这是他的个人习惯。所以，我也没太注意了。"市场经理想了想说道。

"名片上印着绰号的人没有责任感，你怎么能把这么重大的任务交给一个没有责任感的人去完成呢？"总经理有些生气地说道。

市场经理一听，便立即解释道："他的谈判能力真的很强，前几天还签了一个大单子呢。整个市场部没有谁的业务能力比他更强了。"

总经理叹了一口气，没再说什么。果然不出总经理所料，那天陆小峰去见那位客户时，因为迟到了，客户非常生气地走了。

从某种程度上说，名片是让他人认识自己的一个窗口，有的名片甚至囊括了一个人一生的成就和所得。所以，通过名片看准一个人是一个十分有效的方法。

事例中的市场经理完全不懂名片背后的含义，认为陆小峰那只是个人的一个习惯而已，并没有放在心上。然而，让他没想到的是，正是他的大意给公司造成了巨大的损失。总经理虽然通过陆小峰喜欢在名片上印上绰号这一行为看出他是一个没有责任心的人，但是没有考虑到一个人的责任心大于一切。假如他当时找一个谈判能力不及陆小峰但责任心很强的人去见这个客户，也许胜算会更大。

因此，作为一名上司，在交代下属任务时，不妨先看清对方的工作态度。而名片几乎囊括了一个人一生的成就与所得，不妨从这里找到突破口。

（1）喜欢在名片上用粗大字体印上自己名字的人表现欲强

这类人多表现欲望强烈，他们总是不时地强调自己，凸显自己，以吸引他人注意的目光。这种人的功利心一般都是很强烈的，但在为人处世方面却表现得相当平和与亲切，具有绅士风度。他们最擅长使用某些手段来达到自己的目的，他们的外表和内心经常会相当不一致，从表面上看他们是相当随和的，但实际上，却不容易让他人真正地靠近。他们善于隐藏自己，为人处世懂得谨慎行事，更能把握分寸，使一切都恰到好处。

（2）在名片上不印任何头衔的人个性较强

这类人大多个性较强，他们讨厌一切虚伪、虚假、不切合实际的东西。他们并不十分看重自己的身份和地位，也很少考虑他人对自己的看法，他们只喜欢按照自己的意愿去做事，而不是被他人支配和调遣。与此同时，他们也很少对别人指手画脚，发号施令。他们具有超乎一般人的想象力和创造力，所以经常会有所创新和突破。

（3）名片的质地、形状和色泽都显得相当另类的人喜欢独来独往

这类人的表现欲望相当强烈，而且喜欢卖弄，他们多喜欢无拘无束，自由自在的生活，自己愿意干什么就干什么。这种人大多头脑灵活，有不错的口才，但他们习惯独来独往，我行我素，所以除了自己的东西以外，对其他任何事物很难产生浓厚的兴趣。他们是非善恶往往分得很清楚，并且表现出来也会让人一目了然，所以他们会经常招惹一些麻烦。在人与人的交往中，他们缺乏足够的协调性，人际关系并不是很好。

（4）喜欢用轻柔质感的材料制作名片的人

这类人具有很强的审美观念，不太轻易与人发生争执。在条件允许的情况下，他们会尽力去原谅对方。他们比较富有同情心，会经常去帮助和照顾他人。但这一类型的人不算太坚强，意志薄弱，常会给自己带来一些失败和麻烦。

（5）在名片上附加自己家里的住址和电话的人

这类人大多具有较强的责任感，否则他们不会把自己家里的地址和电话印在名片上。这样，如果自己不在办公室，对方也一定能找到家里来，把事情解决。而与此相反，恰恰有许多人为了逃避工作上的麻烦，而拒绝告诉他人自家的地址和电话。

（6）喜欢在名片上加亮膜，使名片具有光滑效果的人

这类人从外表上来看多显得热情、真诚和豪爽，与人相交十分亲切和善，但这可能只是他们交往中惯使的一种敷衍手段，实际上，他们多数虚荣心都比较强。

（7）在名片上印有绰号和别名的人

这类人的叛逆心理大多比较强，做事常无法与其他人合拍。他们为人处世一般是比较小心和谨慎的，但有些神经质，常常会有一些无端的猜疑，猜疑别人的同时也怀疑自己，这使他们很容易产生自卑感，在遇到挫折和困难的时候，缺乏足够的信心，总是想妥协退让。从某一方面来讲，他们没有太多的责任心，并且还总会想方设法来逃避自己该负的责任。

眼睛滴溜转的下属阴险狡猾

观察一个人的眼睛往往能了解这个人的心理世界，滴溜转的眼睛是一种最不好的眼语，那种眼珠子滴溜转个不停的人属于典型的贼眉鼠眼。这种人心思虽然十分灵活，但总是想入非非，难以安定，存有一颗让人永远也猜不透他真实想法的心。

公司最近开发了几个大客户作为重点营销对象，市场经理王总打算派遣三位资历较深的推销员小李、小唐和小胡去洽谈业务。

小李与小唐都爽快地领命了，只有小胡眼睛转了一下，说道："经理，我想和小李换一换，分给他的那个区域，我以前从没有跑过。我想锻炼一下。"经理注意到了小胡的眼睛滴溜转的动作，感觉他好像在打什么歪主意，于是假装咳嗽一声。没想到小李说道："反正都是拜访客户，我就住在小胡分到的那个区域，换一下就换一下吧！"既然小李都答应了，经理也不好再说什么了。

从经理办公室走出来后，小唐告诉小李："换过来的那个区域，好像有一两个客户特别难谈，那个区域以前是小胡负责的，他曾在那里碰过好几次钉子，估计是看你老实，才把难题推给你。"小李完全不当一回事，笑着说："无所谓了，就当锻炼一下吧！都是客户，有什么难的。"

等到洽谈客户时，小李才领教了真正的难度，那个客户怎么谈都谈不下来，最终无果而终。而小胡在那个区域谈了好几个单子，一下子就进账五万提成。对此，小李什么也没说，苦笑了一下。但旁边的经理却看得很清楚，从那以后，他很警惕小胡，遇到重要的客户都不再派遣他去洽谈，慢慢地削减他的权利，减轻了公司的损失。后来，当小胡离开公司时，只带走了几个客户。

事例中的小胡就是这样的人，他阴险狡猾，心怀鬼胎，做起事情来一般都是口是心非。事例中的小李一点也不懂行为心理学，假如他注意到了小胡滴溜转的眼睛，或者他听懂了经理假装“咳嗽”的含义，也许就不会答应他的请求，那么后来也不会吃亏。不过，值得庆幸的是，通过这件事，经理发现了小胡滴溜转的眼睛，提高了警惕，及时采取措施，减轻了公司的损失。

当一个人有一些心理活动时，眼珠都会情不自禁地转动。对方正在看什么，正在想什么，我们可以快速、准确地从对方眼球转动的方向和速度上解读出来。

（1）眼珠转动快的人反应快

一个快速转动眼珠的人第六感敏锐，反应快，能够迅速地看透人心。这种人往往特立独行，比较容易情绪化。

（2）眼珠转动迟缓的人感觉迟钝

一个眼珠转动迟缓的人的身体五官感觉迟钝，感情起伏少。这种人一般不容易受他人影响，喜欢过自己的生活。

（3）眼珠向左上方转动的人正在回忆过去

当一个人的眼珠向左上方转动时，说明他正在回忆以前见过的事物。假如想起了过去美好的事情，他的嘴角还可能露出微笑。

（4）眼珠向右上方转动的人正在想自己没见过的事物

当一个人的眼珠向右上方转动时，说明他此刻正在想自己没见过的事物。

（5）眼珠向左下方转动的人心里在自言自语

当一个人的眼珠向下方转动时，说明他心里有事，而这件事情又不便于向别人说起，自己心里正自言自语呢。

（6）眼珠向右下方转动表明其正在感觉自己的身体

当一个人的眼珠向右下方转动时，表明他正在感觉自己的身体，他的身体很可能出现了不适的症状。

（7）眼珠左右平视的人正在尽力弄懂自己听到的话

当一个人的眼珠左右平视时，表明他正在努力弄懂自己听到的话，很可能是你表达不清楚哦！

第四部分　婚恋行为心理学

——看透男女那点心思，经营幸福的感情

十、女人心不是海底针：解读女性的恋爱行为

男性和女性有着天然不同的身体，

也有着截然不同的行为特点。

而在恋爱中，

肢体语言的沟通往往比口头语言更重要。

因此，

读懂女性恋爱行为背后的真实内心，

你和女友会更快走进婚姻的殿堂。

女性双手抱在胸前，代表拒绝你

双手抱在胸前，往往表示拒绝

姜宇上初中时就偷偷喜欢一个女孩子，名字叫唐晓燕。当时正在上学，他便把自己的心思掩藏了起来，一直偷偷地观察着她的一举一动，而她却丝毫没有注意。有时候，她见到自己也只是微微一笑。

转眼，他们都考上大学了。姜宇很多次都打算向唐晓燕表白，可是，每次见到她那双清澈的眸子，想说的话又咽了回去。

在一个周末，姜宇准备了一束玫瑰花来找唐晓燕。他们约在学校附近的一个公园见。那天早上，姜宇早早地从家里出发，来到了公园里。而唐晓燕过了约定时间才来，来的时候还牵着一条宠物狗。这让姜宇摸不着头脑。

当姜宇把一束玫瑰花递给她时，她接过玫瑰花，却什么也没说。就这样，他们两个人肩并肩地在公园散步。

不知走了多久，唐晓燕在一把凉椅上坐了下来，把宠物狗抱在怀里，而姜宇坐在了对面的凉椅上。姜宇很深情地望着她，久久无语。过了好一会儿，姜宇终于开口打破了沉默。他深情地说道："你知道吗？初中时，我就喜欢上你了，只是那时学习忙，所以……"

唐晓燕低着头逗弄着怀里的宠物，一声不吭，姜宇自顾自地说，而唐晓燕始终低头不语。这让姜宇捉摸不透，他不知道怎么办好，只好送她回家。

在分开的时刻，姜宇问道："你明天有时间吗？"

唐晓燕回过头来说："明天看情况吧！"说完，便向楼上走去。姜宇望着她远去的背影，感到迷惑不解。

事例中的姜宇终于鼓足勇气向唐晓燕表白了，可是，唐晓燕既没接受，也没拒绝，给姜宇一种似是而非的感觉。她的这一态度让姜宇迷惑不解。

其实，唐晓燕早就巧妙地暗示姜宇自己不可能接受她。她出来约会，之所以带着一条宠物狗，在累了以后，还将宠物狗抱在怀里，其实就在告诉姜宇自己已心有所属了。只是姜宇一点也不懂行为心理学，不明白唐晓燕的用意，所以，才感到郁闷不已。

行为心理学专家指出，抱宠物在怀其实是女人的一种巧妙暗示，表明他不可能接受你。因为她将心爱的猫、狗或者毛绒玩具抱在怀中，就已经表明她有心爱的东西了。如此抱着自己的宠物，也是给对方设置了一道障碍。她这样做是有意拉开距离，让你没有进一步接触她的机会。

如果你在向对方表白时，发现对方做出了这一动作，那么你就应该知难而退了。很多人都用"女人心，海底针"来形容女人的心思难以琢磨。其实，你只要细心观察女人一些细微动作，就能发现她们内心的秘密了。我们一起来看看：

（1）女人拍异性肩膀传达的是友谊之情

拍肩膀这种行为虽然在男人当中居多，但有些女人也会拍异性肩膀。这个动作并没有其他意思，只是传递了一种友情与关怀，或者她把对方当成小孩或者弟弟了。

（2）女孩把宠物抱在怀里暗示她不可能接受你

抱宠物在怀其实是女人的一种巧妙暗示，表明她不可能接受你。因为她将心爱的猫、狗或者毛绒玩具抱在怀中，就已经表明她有心爱的东西了。如此抱着自己的宠物，也是为对方设置了一道障碍。她这样做是有意拉开距离，让你没有进一步接触她的机会。

（3）女人摸耳垂表明她对你的话题感到厌烦

一般来说，那些有事没事摸耳垂的女人是最难让人捉摸的。有时候，她对你正在进行的话题感到厌烦，但又不好直说；有时候，她认为没必要表现出来，就会下意识地摸耳垂。

（4）女人摸鼻尖表明她不相信你

喜欢摸鼻尖的女人一般成熟大方，女人味十足，颇有神秘色彩。假如你遇到了这样的女人，就很不幸，因为她在与人交谈时，频频摸自己的鼻尖是一个不好的信号。她很可能不太相信你说的话，也可能根本就不相信你说的话。

相亲时一脸无聊的女性外冷内热

一天，叶绍洋参加了一场三对三的相亲派对。一走进会场，一个坐在角落里的女孩就吸引了他的注意力。那个女孩长得眉清目秀，很温柔，很可爱。叶绍洋本想跟她打声招呼，但见她一脸无聊的模样，他又取消了前去打招呼的念头。

当派对成员到齐以后，整个派对的气氛非常热烈，大家都十分坦诚，相谈甚欢。可是，坐在角落里的那个女孩并没有融入欢乐的气氛中，她一个人闷闷不乐地坐在一边，一只手托着下巴，另一只手则摆弄着桌上的酒杯。

叶绍洋见到她时，心中不由自主地升起一种怜悯之情。会场中，叶绍洋好几次都想跟她亲近，可是，她那一副拒人于千里之外的样子令叶绍洋心里没底，不知道该不该与她搭话。

就在叶绍洋犹豫不决时，一个男伴看出了他的心思，便微笑着说："看上她了，就主动去追，说不定，她也看中了你呢。"

男伴的一句话给了叶绍洋很大的勇气。他走过去，挨着那个女孩坐了下来，并轻声问道："请问怎么称呼你啊？"

"我叫……"

就这样，他们便聊了起来。在聊天的过程中，叶绍洋才发现她竟然如此健谈，而且还聊得特别投机。后来，他们牵手一起走上了红地毯。

很多男性在相亲时，总会遇到那种一脸无聊的女性，她们摆出一副拒人于千里之外的模样，似乎对在场的男士一点也不感兴趣。很多男性在这样的女性面前就会退缩，因为他们感觉即使和她们搭话也没什么好结果。

事实上，这样的女性最希望男性跟自己搭话。她们的这种行为从心理学的角度进行分析，可以认为是反动行为。

所谓反动行为，就是不想让对方了解自己的真实想法，故意表现出与内心完全相反的态度。就像事例中的那个女孩一样，她表面上做出一脸无聊的样子，实际上她跟其他女性一样，渴望受到男性的注意，甚至比别人更强烈。然而，她却担心如果自己表现得太过热情，可能会被男性误会，认为自己不够淑女。因此，她感到不安，不敢把真实的自己表现出来。

事例中的男主人公叶绍洋不懂行为心理学，以为那女孩是在拒绝自己，一段美好姻缘差点与他擦肩而过。很庆幸的是，男伴一句无心之话给了叶绍洋走上前搭话的勇气，结果成就了一段美好的姻缘。

广大男性朋友应该学点行为心理学，读懂她们的肢体语言，努力促成这段美好的姻缘。

在相亲时，不同的女人表现出不同的言行举止，有的女子在相亲时一脸无聊，有的女子在相亲时却表现得非常热情……表现一脸无聊的女人不一定没戏，而表现非常热情的女人也未必就能成功。我们一起来看看：

（1）相亲时一脸无聊的女人其实外冷内热

相亲时一脸无聊的女人也渴望受到男性的注意，也许这种愿望比别人更强烈。但是，她很担心如果自己表现得太过热情，也许会被男性误会，认为自己不淑女，不矜持。因此，她感到不安，并没有把真实的自己表现出来。

（2）相亲时表现非常热情其实是内冷外热

相亲时表现非常热情的女性也许只是“内冷外热”，因为她们认为在这种场合必须表现得热情大方才行，这样才能受到男性的关注。其实，这样的表现有几分义务感在里面。

为什么女友只逛不买也很满足

庞军特别烦的一件事情就是陪老婆涂玲去逛街。涂玲隔三岔五去逛街，周末一般是上午，或者下午，而平常则是吃过晚饭后，而且她特别喜欢拽着庞军去逛。

不管庞军是在看足球赛，还是在玩游戏，只要她想去逛街了，她就一定拽着庞军去。庞军纯粹就是被逼上梁山，不去吧，她一个人去又不放心，去吧，又心不甘情不愿。

然而，最让庞军烦的还不是逛街这件事，而是涂玲每次逛街都只逛不买。涂玲在逛街时，不管是在服装店，还是在化妆柜前，她总会细细地咨询质量、价格。等一切都问好以后，连庞军都以为她要买，他正高兴，心想买了就要回家了吧！可是，让他没想到的是，老婆说了句“我再看看”，然后再乐此不疲地从一楼到五楼。庞军都累得腿发软，而涂玲好像越逛越有活力。每次看到老婆欢喜不尽时，庞军都欲哭无泪。

这天晚上，庞军正在看足球赛，涂玲却凑过来叫他陪她去逛街。虽然一出门就是大街，但一个女人晚上出去逛，总是有所畏惧。

涂玲催了催，庞军仍津津有味地看着足球赛。涂玲忍不住，关掉了电视，庞军气不打一处来，他生气地朝涂玲吼道：“你干吗呀？总是隔三岔五地逛街，逛了一家又一家，而且只逛不买，你有意思吗？要去，你自己去，每次陪你逛街总把我累得半死。”

涂玲先是一愣，庞军从来没向她发过这么大的火，眼泪不由自主地滑出了眼眶。她哭着说：“在家里我觉得很无聊，我觉得逛街能让我感到快乐，即使不买东西，我也会觉得很开心，内心也会感到很满意。”庞军看到老婆那梨花带雨般的眼泪，又心软了，走过去揽过老婆的肩膀柔声说道：“我知道女人逛街是为了排遣孤独，是为了获得‘群体认同感’，可是，我却不知道你只逛不买是怎么回事。既然这样，你都能觉得很开心，那以后我尽量陪你。”

涂玲流着眼泪说：“我跟你来到这座城市，没什么朋友。所以，只能找你陪我去逛，我知道，你也挺累的。以后，我晚上尽量少去逛街，周末有时间再自己去。”

庞军感动地吻了吻老婆的额头！从那以后，涂玲尽量少去逛街，偶尔还会陪老公看看足球赛。她还认识了一些女性朋友，周末时常常叫朋友们一起去逛。只是偶尔叫上老公，老公也非常乐意。因此，他们生活得很幸福。

如果你问女人最乐意做的事是什么，答案是逛商场；如果你问令男人感到最无奈的事是什么，答案是陪女人逛商场。因为逛商场是女人的最爱，却是男人的最无奈，很多夫妻都因为逛商场这事而吵架。

夫妻因逛商场而吵架只是一个直接原因，而根本原因则是夫妻不了解男女之间的差异。女人为什么喜欢逛商场？男人为什么不喜欢逛商场？

要回答这两个问题，还必须从远古社会说起。我们知道男人经常在外打猎，每次打猎时，精神都高度紧张，害怕自己空手而归。所以，演变到现如今，男人逛街就仿佛打猎一样，精神紧张，买不到合适的东西时，还会产生一种挫败感。所以，男人很不喜欢去逛街。

女人则不一样，在远古社会，当男人去打猎时，她们就会挽着篮子去采果子。采到果子自然高兴，即使没采到，她们也很高兴。现在的女人逛街就像过去的女人采果子一样，在与朋友们逛街的过程中，不仅能向她们倾诉，减轻压力，还能获得“群体认同感”。即使空手而归，她们也不会像男人那样灰头土脸地回家，依然很开心。因为在咨询物品的过程中，已经让她们获得了一种满意感。这种满意感在心理学上被称为“知晓心情”。即女人通过了解该商品的质量与价格，即使不买，也能获得一种拥有感。“知晓心情”相当于现在所提倡的“知情权”。就好比一个视察工作的领导听了下级的汇报后，说一句“大家辛苦了”后而心满意足地离去。

男人与女人逛街的矛盾便在于此。假如男人了解了女人这一行为背后的秘密，女人了解了男人这一行为背后的秘密，互相理解一下就好。

女人尽量少让男人陪你逛街，多找女性朋友一起去逛，而男人不要干涉女人逛街，尽量抽时间陪女人去逛逛。就像事例中的庞军与涂玲一样，互相理解一下，两人就会和睦相处。

女人为了获得自我满意感，除了逛街，只逛不买这一行为以外，还有哪些表现呢？下面我们一起来看看：

（1）通过打探别人的隐私与丑闻获得自我满足感

很多女人聚在一起，总会八卦一番，总是会打探别人的隐私与丑闻。因为她们想通过别人的不幸来平衡自己内心的不满，从而获得一种自我满足感。通常情况下，当她们得知别人的不幸时，总会说一句："原来还有人比我更不幸呢！"在她们说这话时，就会产生一种自我满足感。正所谓"一个感叹自己没鞋子穿的人看到一个没脚的人，才发现自己竟是如此幸福"！

（2）通过工作获得自我满足感

在这个"女人能顶半边天"的时代，越来越多的女性走进职场，通过在工作中所取得的成就来获得自我满足感。一般来说，女人的职位越高，取得的成就越大，就越快乐。

女友约会时舔嘴唇，是在诱惑你

诺诺是一个单纯善良的女孩子，两只眼睛纯净得像一汪清水。前段时间，一个好心的朋友给她介绍了一个男朋友。那个男孩长得很清秀，戴着一副眼镜，看上去很斯文、很老实。一见到他，诺诺就觉得他是自己要找的人，而对方也很中意她。因此，两人自然而然地谈起了恋爱。

诺诺虽然知道男友老实，可是，却不知道他如此老实。原来，他们谈了一个月恋爱，男友从没跟他有过任何亲密举动，甚至连手都没碰一下，只是经常走在她的左边。这让诺诺难以理解，觉得他更像一块木头。

有一天，诺诺为这事感到心烦意乱，便向好友说了这件事。好友一听也倍感郁闷，眼珠子转了转建议道："这样吧！你不妨诱惑他一番，看看他有没有什么反应？"

诺诺一听，立即摆了摆手，说道："那，那，那不行，怎么能做这种事呢？"

好友诡异地笑了笑，便让她凑过耳朵来悄悄地说道："你想错了，我说的诱惑并不是你想的那种，我是说你与他约会时，不妨注视着他并舔一舔嘴唇。这样他就知道你的心理了。"

"他真的会知道我的心理吗？"诺诺惊讶地问道。

"不妨试试。"好友建议道。

约会那天，诺诺打扮得非常漂亮，早早地来到了约会地点。两人逛了一会儿后，就去一家饭店吃饭。菜还没端上来时，诺诺注视着男友，按照好友说的那样突然舔了一下嘴唇。

男友见到诺诺这一动作，便笑着说："饿了吧！一会儿就可以吃饭了。"

诺诺不明所以，闷闷不乐地吃完了那顿饭，她以为男友不喜欢她，便提出了分手，让男友感到错愕不已。过了一段时间以后，诺诺意外地从朋友那里得知，不是男友不喜欢她，而是男友见她太单纯善良了，害怕自己的举动会吓着她。

事例中的诺诺故意做出舔嘴唇这一动作，其实是想诱惑一下男友，看看他有没有什么表现。很遗憾的是，男友不懂肢体语言背后所蕴藏的含义，更不知道对方想干什么，结果让诺诺误会了。

更遗憾的是，诺诺的男友并不是不在乎她，而是太在乎她了，所以害怕自己的行为会使她害怕，这是何等的珍惜。很可惜的是，他们彼此都错过了这一段美好的姻缘。

所以，在约会中，男性务必要注意到女友的嘴唇动作。下面，我们来看看女性不同嘴唇行为背后的含义。

（1）抿嘴唇表示其压力大

在一个人感觉压力特别大时，往往会藏起或拉紧嘴唇。比如，很多出庭证人都经常这样做。当一个人挤压嘴唇时，大脑在告诉他：闭紧嘴，别让任何东西进入到身体里，这充分表明这个人感到忧虑。当一个人的嘴唇完全被藏起来，嘴角下拉时，他的情绪与自信完全跌至谷底。

（2）舔嘴唇是在安慰自己

一般来说，当一个人感觉不自在时，他会反复用舌头摩擦嘴唇，以此自我安慰，并让自己镇静下来。不过，在约会时，当女朋友注视着男朋友时舔嘴唇，这很可能是女朋友为了引诱男朋友而故意表演出来的动作。所以，男友可不能误解她这一动作哦！

（3）嘟嘴唇表示其不赞同

一般来说，嘴唇缩拢是为了防止自己说出不当的语言，而同时嘟出来的嘴唇则仿佛要拒绝什么。因此，在你表达某个观点时，如果别人做出嘟嘴唇这一动作的话，就说明他不同意你讲的观点，或者正在酝酿转换话题。

从女性的穿鞋习惯透视她的心

有这么一句话，要想看出一个女人的生活品位，第一步就是要看她的鞋子。从这句话中我们就可以看出鞋子已经不是单纯用来保护足部了，它还可以诉说出一个人的性格及心事。

（1）喜欢穿凉鞋的女人

当一个女性喜欢穿凉鞋时，证明她对自己是十分有自信的，她喜欢将自己最美丽的一面展现给大家看，因为凉鞋肯定会露出脚趾，至少是对自己腿部很有自信的人才会选择凉鞋。这种人通常交际圈很广，而且人缘也不错，对异性也充满了兴趣。这种类型的女人通常会对自己的男朋友有很多要求，希望自己的男朋友可以和自己有一致的看法，她个性比较固执，别人不太容易说服她。如果要选择这种女性当对象的话，那就要有耐心了。

（2）喜欢穿高跟鞋的女人

这种类型的女人比较喜欢思考，是一个智慧型的女人，她的个性成熟大方，对待工作和生活都是兢兢业业、相当尽责的。因为她要想的问题很多，所以对待周围的人、事物也会有比较高的要求，如果周围的人、事物无法满足她的要求，她的脾气就会变得比较暴躁。所以她选择男朋友时会喜欢坦诚相对的人，并且要大方地对她好、关心她，当她觉得你是一个值得交往的对象时，她会很好地对待你，不会摆架子、故意刁难。

（3）喜欢穿运动鞋及休闲鞋的女人

这种类型的女人表面上看来很容易相处，实际上她是一个戒备心很强的人，她非常会保护自己。看起来好像很容易和男生打成一片，而实际上她只是把这些男生当成普通的好友一般，反倒是对于心里喜欢的那个他，她会选择保持一定的距离，敬而远之。如果不是她的闺密的话，很难看出她的内心想法，因为她时刻在保护自己，其实她的内心有着非常脆弱的情感。

（4）喜欢穿学生样式、造型简单鞋子的女人

这种类型的女人个性是单纯敏感的，因为她有着严谨的家庭教育，所以经常压抑自己的情感。因为这类型的女人从小就被爸妈管得很严，学校、工作场所风气较为保守，她们自然就有着内敛的言行举止，但她们内心是澎湃的，总是希望自己有一些经历，这种女人要谨防单独行动时受骗。

（5）喜欢穿短筒靴子或长筒马靴的女人

这种类型的女人喜欢无拘无束的生活，个性独立，勇于表现自己。通常这种女人很有能力，外表也是很出众的，经常受到异性的青睐。尽管她看起来平易近人，但要成为她的另一半必须才华出众并且了解她的个性，才有可能赢得她的芳心。

（6）喜欢穿厚底鞋、造型特殊鞋子的女人

这种类型的女人喜欢追求流行、注意时尚，她喜欢成为大家的焦点。外表给人的感觉是大胆，但她的内心是相对内向保守的，因为她对自己的信心不是很足，想要通过大胆的打扮引起大家的注意。如果想要成为她的男朋友就必须多给予她鼓励和肯定，让她更加自信。

女性拨弄头发的真正意图

女性特别爱惜自己的秀发，颇为注意自己的发型，因此也经常会在公共场合整理头发。我们可以根据不同情境窥视她们拨弄头发的真正意图。

女性喜欢留长发，然而长发常常会带来不便，所以很多女性拨弄头发是出于对形象的考虑，担心发型毛乱会影响自己的美丽形象，因此要通过整理拨弄头发来时刻保持整洁与美丽。

如果女性换了一个新发型，尽管头发十分平整，但她还是不停地拨弄，则是两个极端的表现，一是太喜欢自己的新发型，希望他人集中注意力；二是对新发型不够满意，需要通过不停地拨弄来掩饰，仿佛头发可以恢复原样。

在交际生活中，如果在有异性的场合，女性不时地朝着男士整理或撩拨头发，则可以看作是传达爱意或挑逗的信号，因为女性是在通过这种方式引起男性的注意，并让他们看见自己的美丽。

有时，女性发呆时或走神时也喜欢无意识地拨弄头发，这是内心无聊的一种表现。

女性在处于焦虑或慌乱的情境中，也会显得手足无措，尤其是不知道该将手部放在哪里，于是就喜欢拨弄一下头发，既是在缓解自身感受到的压力，也是在显示自己的平静与淡定，仿佛飘飘然的长发可以将自己心中的慌乱掩盖住一样。这与拉扯耳垂的动作较为接近，只是女性温文尔雅的淑女形象限制了女性缓解紧张压力的方式，拉扯耳垂相对更适合男性。女性只好使用一种看上去更加柔和优雅的动作缓解焦虑不安。

女性的举止动作相比于男性而言，要更加轻慢柔和，即便处于慌乱或紧张状态，也可以表现得十分柔和优美，因此，小动作对于女性来说，只要注意把握，可以成为塑造形象的一个方面。

第四部分　婚恋行为心理学

——看透男女那点心思，经营幸福的感情

十一、经营婚姻，要懂点夫妻行为心理学

婚姻不仅是爱情的升华，
还是亲情的开端。
要把甜蜜的爱情变为牢靠的亲情，
就要懂点夫妻之间的行为心理学，
了解对方一举一动之间的心理变化，
及时给对方贴心的呵护，
并及时填补好婚姻的缝隙。

妻子对你唠叨个没完，是在缓解压力

A君是一位善于思考的男人，不管遇到什么问题，他都能迎刃而解。然而，他善于思考、善于解决问题的能力只适合工作，却不适合家庭。

A君新婚不久，就跟妻子发生了一次争吵。有一天晚上，妻子一回到家，放下包就开始唠叨起来："今天真郁闷！上班时跟人视频被老板看见了，我想他肯定对我有很大的意见！他会不会辞退我，我应该怎么办？"

A君见此，急忙走过去坐在妻子旁边，揽过她的肩膀，柔声安慰道："不会的，老板不会辞退你的。就算你被辞退了，也没事。家里不是还有我吗？"

"我不是怕他辞退我，你不知道他今天看我的眼神有多严厉，我想想都觉得浑身发抖。"妻子继续说道。

"这次就当吸取教训，以后注意一点！尤其是上班的时候要好好表现，争取让老板刮目相看。"A君想了想，给妻子提出建议。

不料，妻子好像没听见他的建议一样，仍然自顾自地说道："我真不应该上班看视频啊！我怎么那么傻呢，我真是傻啊！"

A君郁闷不已，终于什么都不再说。出乎他意料的是，妻子唠叨了一会儿，心情突然大好，还主动去厨房做饭。这让A君百思不得其解。

在后来的生活中，妻子唠叨已成了家常便饭，反复地唠叨老板对她有意见。A君曾劝过她离职，但她始终无动于衷。

再后来，妻子不仅唠叨工作中的事情，还常常唠叨家里长家里短。比如，做完饭、洗过碗、拖过地以后，她都要唠叨一番。

A君每次听到妻子喋喋不休时，都会戴上耳机听歌，有时候甚至想离家出走。时间长了，两人的沟通时间少了，共同语言也越来越少，生活就像一潭死水。

大家知道俄国著名作家列夫·托尔斯泰为什么临死前也不愿见他妻子一面吗？因为他已经害怕了他妻子的唠叨。

其实，很多男人都有列夫·托尔斯泰这样的烦恼，妻子整天唠叨让他们特别想逃离他们生活的地方。对他们来说，家不再是温馨的港湾，而是一个让人烦恼的牢笼。

女人为什么如此喜欢唠叨呢？这是女人的天性决定的，女人天生爱唠叨，她们是群居动物，她们害怕孤独和寂寞，她们渴望与别人沟通交流。所以，女人不管是逛街，还是去玩，都是成群结队的。

一般来说，女人总是喜欢与自己亲密的人唠叨，大多数时候发生在妻子与丈夫之间。当女人感到紧张、压力巨大时，她们就会启动语言功能，向丈夫讲述几个小时，反复讲述这件事情发生的经过，讲她现在面临的问题、过去的问题、将来的问题、潜在的问题等。妻子畅所欲言地讲述自己的心情与感受，想到什么就说什么。

女人的这一行为在男人看来，就是她遇到了困难，只有把这个问题解决了，女人才会开心。因此，他便积极为女人寻找解决问题的办法。其实，男人是在用自己的思维帮助女人解决女人的问题。当男人遇到什么问题时，他们通常会闭上嘴巴，静静地思考解决问题的办法。

然而，女人唠叨并不是想解决问题，她们只是想通过诉说自己的感受，唤起别人的同情和共鸣，这样她们就能感到宽慰和舒适，心情就可以慢慢地归于平静了。

所以，男人在女人唠叨时，只需要认真倾听，时不时地给予同情，并附和她的想法即可。女人一旦得到男人的共鸣，她们就会感到舒适，内心就平静了，也就不会再没完没了地唠叨了。

事例中的A君就是用自己的思维去解决妻子的烦恼，结果，弄巧成拙。不但没能让妻子停止唠叨，还让妻子更不厌其烦地唠叨个不停。假如他能认真倾听妻子唠叨，时不时地附和妻子几句，也许妻子就能停止唠叨了。

由此可知，在两性交往时，男人要用正确的方式面对妻子的唠叨，等妻子唠叨过后，再跟妻子一起商量解决问题的办法。这样，彼此才能和睦相处！

在面对压力时，男人与女人因为自身差异，往往会采取不同的行为举止。下面我们一起来看看：

（1）压力巨大：男人喜欢沉默，女人喜欢唠叨

大多数男人感到压力巨大时，他们往往会闭嘴不谈，喜欢一个人静静地思考问题，停止左脑的诉说与倾听。女人通常不理解男人的这一行为，总是在他们沉默的时候，问这问那，让男人烦恼不已。大多数女人感到压力时，她们就会不停地唠叨，企图用唠叨来缓解压力，想到哪儿就说到哪儿。男人也感到不解，通常会为她们想办法，但女人并不在乎能不能想出解决问题的办法。

（2）压力巨大：男人喜欢喝酒，女人喜欢大哭

有些男人感到压力巨大时，通常会一个人喝闷酒。有些年轻男人甚至跑去酒吧，或者娱乐场所一醉方休。有些女人感到压力巨大时，就大哭一场。很意外的是，她们大哭一场以后心情就会好很多。

（3）压力巨大：男人喜欢运动，女人喜欢逛街

有些男人感到压力巨大时，会选择跑步，或者健身等方式来缓解压力。当他们大汗淋漓时，压力便随着汗水排出了体外，他们会感觉轻松很多。有些女人感到压力巨大时，就会选择逛街，疯狂购物。看到满满一袋子收获时，她们的心情就会大好。

妻子的睡姿像婴儿，是缺乏安全感

潘红英与顾家军是一对甜蜜的小夫妻。可是，最近也不知道怎么了，他们夫妻俩很少沟通，仿佛都是各忙各的。

一天凌晨四点，老公顾家军起床上厕所。打开灯一看，意外地发现老婆潘红英蜷缩成一团，像个婴儿一般，还时不时地紧皱眉头。略懂行为心理学的顾家军见到妻子这种睡姿知道妻子现在正为什么事感到不踏实、不安全。这时，他才突然想起自己已经好长一段时间没有与妻子沟通了。妻子这段时间在想什么，在做什么，他一点也不知道。一种深深的愧疚感促使他拥妻子入怀，在他的怀里，妻子睡得特别香甜。

第二天晚上，顾家军小心翼翼地问道："老婆，你最近是不是遇到什么烦心事了？"潘红英最近一直在为老公的改变而忧郁不已，经老公这么一问，她突然不知道说什么好了。

"老婆，我们是夫妻，有什么话不能说的呢？有什么烦心事就告诉我，我跟你一起分担。"顾家军揽过妻子的肩头，很温柔地说道。

不知有多久没有听到老公这样温馨的话语了。她突然哭着说道："我最近心里一直感觉不踏实，总是感觉你变心了，你不再像从前那样爱我了。"

顾家军非常惊讶地问道："你怎么会有这种想法？"

妻子继续说道："我当初之所以答应嫁给你，是因为那时的你如你的名字一样，不仅顾家，还非常懂得照顾我，只要答应我的事，你都一定会做到，我因此感觉特别踏实、安全。可是，自从结婚后，我感觉你变了，你不再像从前那样细心照顾我了，而我反而成为这个家庭的主力军了。因此，我心里总感觉不踏实。"

顾家军笑道："傻丫头，没结婚前，我照顾你是应该的。可是，结婚后，你就成为妻子了。家里的一些事就需要妻子去做啊，这样你才能不断地成长。”

作为丈夫，你有没有注意到妻子的睡姿？从她的睡姿中，你不仅能解读妻子的性格，还能揣摩出她的内心活动。

说到睡姿，很多人都不由自主地想起了优雅、恬静的睡美人。不过，优雅的睡美人也拥有不同的睡姿，有的睡美人喜欢仰睡，有的睡美人则喜欢俯卧式睡，还有的睡美人喜欢裸睡……总之，不同的人喜欢不同的睡姿，而不同的睡姿则隐藏着不同的心理活动。夫妻双方，如果能注意观察对方的睡姿，那么将从对方的睡姿中发现很多你平常不能发现的秘密。

事例中的顾家军无意中注意到妻子婴儿般的睡姿，从她的睡姿中，顾家军感觉到了妻子内心的不踏实。因此，他便主动与妻子沟通，通过沟通顾家军知道了妻子正在担心的问题，并作出了相应的解释。

假如顾家军没有发现妻子的这一睡姿，那么就不知道她内心是这么不踏实，也不能得到及时沟通。时间一长，矛盾就会越积越多，等到无法解决的那一天，就会给双方带来非常大的打击。

从上面的事例中，我们得知，婚姻中的两夫妻不妨学习一点行为心理学。从对方的行为动作中，你会发现很多自己不知道的秘密。

对于处在都市繁忙中的人们而言，睡觉无疑是一件非常惬意的事情。但就是在这种特别放松的状态下，我们才最容易窥测出一个人内心深层次的个性和不为人知的秘密。

你作为妻子最亲密的老公，有没有注意观察老婆的睡姿，从她的睡姿中，你也许能发现很多不为人知的秘密，也有助于你更好地与之相处。

（1）采取俯卧式睡姿的女人自信心强

采取俯卧式睡姿的女人有很强的自信心，并且能力也很突出，在绝大多数情况下，她们都能很好地把握住自己。她们对自己有非常清楚的认识，知道自己是谁，也知道自己在做些什么。对于所追求的目标，她们会坚持不懈，有信心也有能力去实现它。

（2）采用婴儿般睡姿的女人缺乏安全感

睡觉时采用婴儿般睡姿的女人大多缺乏安全感，比较软弱和不堪一击。她们独立意识比较差，对某一熟悉的人物或环境总是有着极强的依赖心理，而对不熟悉的人物和环境则多有恐惧心理。

（3）喜欢仰睡的女人开朗、大方

喜欢仰睡的女人开朗、大方，她们为人比较热情、亲切，而且富有同情心，能够很好地洞察他人的心理。她们乐于施舍，对人对事往往都能分清轻重缓急，知道自己该怎样做才能达到最好的效果。她们的责任心一般都很强，遇事不会推卸责任，而是勇敢地面对，甚至是主动承担。

（4）喜欢裸睡的女人向往自由

喜欢裸睡的女人向往自由，她们是靠感性生活的人，做事情也是如此，因此往往会受到别人的指责。

（5）喜欢独睡的女人是独行侠

喜欢独睡的女人不管在工作上还是在生活中都是独行侠，她们高度重视私人空间，认为这是神圣不可侵犯的，即使是最亲密的人也不可以随便闯入。她们把自己的内心世界看成是生命的堡垒，不愿意与别人倾心相处。

3.

蒙头睡觉的丈夫，是个软弱的小怪兽

在一家咖啡厅里，于美洁无精打采地搅着咖啡。坐在她对面的闺密晓芳噘着嘴不满地问道："你干吗呢，一副无精打采的样子？"

"昨晚没睡好，喝着咖啡也打不起精神来。"于美洁有气无力地说道。

"怎么没睡好觉？"

"能睡好觉吗？最近这些天每天晚上都起来给老公拉被子。你是不知道，他睡觉时总是将棉被从头盖到脚，谁都知道睡觉捂住了嘴巴对身体不好。我说了他好几次，他不改也罢了。我晚上帮他把被子拉下来，让他露出头，结果，没过一会儿，他又拉上去盖住了头。你说气不气人？"

晓芳自言自语地说："奇怪，你老公看上去落落大方，不应该是一个软弱的人啊！他睡觉怎么会是这种睡姿呢？"

晓芳的话引起了余美洁的兴趣，她突然一下子来了精神，疑惑地问道："你说这种睡姿的人内心很软弱？"

"是的。我看过一本书，书上说睡觉时喜欢将棉被从头盖到脚的人内心害羞、软弱，你老公很可能遇到了什么困难，而他好像被困难压倒了，你应该给他战胜困难的力量。"

余美洁陷入了沉思中，她想起老公这段时间的种种行为表现。过了一会儿，她才说："你这话真是提醒了我，他以前不是这种睡姿。男人真是的，有什么困难不能说出来呢，非要一个人承担。我回去跟他好好聊聊。"于是便与闺密匆匆结束了谈话。

余美洁回到家，老公刚把儿子哄睡。余美洁看到一脸疲惫的老公，很心疼地问道："老公，你最近怎么了，脸色这么难看？"

余美洁的老公闭上眼睛，久久无语，而余美洁却像热锅上的蚂蚁，又着急地问道：“有什么事，你倒是告诉我啊！”

过了好一会儿，老公才缓缓地说道：“我被公司炒鱿鱼了，现在正在找工作。我不想让你担心，所以我一直没有告诉你。”

余美洁突然一下笑了，说：“我还以为是什么大事呢！工作没了可以再找，怕什么啊！慢慢找。我相信你一定可以找到更好的工作。”说完，她轻轻地握住了老公的手。

老公得到了鼓励，重新振作了起来，更加积极努力地找工作。没过多久，就找到了一份不错的工作。很奇怪的是，自从找到工作以后，他睡觉时再也不喜欢将棉被从头盖到脚了。

不管是男人，还是女人，不同的人喜欢不同的睡姿，而不同的睡姿则隐藏着不同的心理活动。对于夫妻双方来说，如果能细心观察对方的睡姿，那么将从他的睡姿中发现很多你平常不能发现的秘密。

事例中的余美洁虽然没有读懂丈夫睡觉时喜欢将棉被从头盖到脚这一行为表现所隐藏的秘密，但她通过与好友晓芳聊天，意识到丈夫这种睡觉姿势正是他内心软弱的表现。通过沟通，余美洁不仅安慰了老公一番，还给了老公战胜困难的力量，鼓励老公积极努力地找工作。在她的鼓励下，老公很快就找到了工作。

其实，男人也有脆弱的一面。虽然他们在公共场合总是表现得落落大方，居高临下，无惧任何事物，事实上他们的内心极度脆弱。与女人不一样的是，他们总是掩饰自己的脆弱，不愿告诉别人，更不会流泪。

所以，作为妻子更需要练就一双火眼金睛，要学会通过丈夫的行为举止来发现他内心的秘密。在他脆弱时，妻子更应该给予鼓励，给他战胜困难的力量，与他共同面对生活中的种种挫折。只有这样，生活才会幸福美满。

妻子频繁发微信，是一种忧虑

辛丽娟在文化公司上班，她是一个微信狂人，每天都要给老公和其他朋友发很多条微信。不管是早上、上午，还是下午、晚上，她都给他们发微信，告诉他们自己生活的点点滴滴，这已经成为她的一种习惯。即使走在路上，别人回头看了她一眼，她也会发微信告诉朋友们，因为她想要跟大家分享她的那种感觉与心情。

可是，如果朋友们没有回她信息，她还是会感觉很不爽。因为在她看来，不回微信就表示不够重视她，她尤其计较老公没有回她微信。

最开始时，辛丽娟总是等老公发微信给她，可是，老公总是很少发给她，这让她倍感失落。她向老公提过几次，老公说他每天工作那么忙，哪有时间发微信。无奈，她只好主动给老公发微信，可是，老公总不能及时回她。为此，她生气不已。

发微信，是一个再平常不过的行动。逢年过节，发条微信给亲朋好友表达自己的祝福不失为一种很好的交流方式，相信大多数年轻人都做过这件事。

可是，频繁地发微信，甚至无时无刻都想着发微信，那就不是一种正常行为了，很可能是一种病。你心里也许会犯嘀咕：频繁发微信也是一种病?

频繁发微信确实是一种心理疾病。心理学家经过调查发现，越是频繁收发微信的人，他们所表现出来的忧虑感和内向型个性就越强烈。

事例中的辛丽娟喜欢通过手机给朋友们发微信来交流，而且对这种交流方式情有独钟，慢慢地就演变成了一种习惯，无时无刻都想发微信。这不仅给自己带来了困扰，还给他人造成了不便。如她老公所说，哪有那么多时间发微信？

在这个“被人推着走”的时代，每个人都很忙。她老公并没有足够的时间与精力来回复辛丽娟的微信，进而她产生了一种忧虑情绪。这种忧虑情绪又促使她不愿跟人面对面交流或者打电话交流，时间一长，她就会越来越内向，甚至可能产生孤寂与空虚感，出现交际心理障碍。

不过，从另一方面来看，频繁发微信表明她还有与人交流的欲望。这种情况只要好好调节，就能消除忧虑感。

可是，生活中的很多人即使知道频繁发微信是忧虑正在侵袭他的灵魂，但往往无动于衷，因为他不认为忧虑是一种病。事实上，忧虑确实是一种心理疾病，这种疾病一旦严重可能导致患者自杀。

如果你感到自己内心忧虑，那么不妨大哭一场，或者多与他人交流，向他人倾诉。这样就能缓解你内心的忧虑情绪。

内心忧虑的人除了频繁发微信的行为表现以外，还有哪些行为举止呢？我们一起来看看：

（1）既不思食，又不思睡

一般来说，当一个人陷入可怕的忧虑状态时，他既不思食，又不思睡。面对这种情况，你最好想办法让他大哭一场，如此一来，就能减轻他的痛苦。因为人在哭的时候，脑垂体会释放出内啡肽，会排出大量眼泪，而眼泪里含有可以导致痛苦的有害化学物质。通过哭泣把眼泪排出来，就是排出了不良情绪。因此，人就会感到轻松得多。

（2）挤压嘴唇

当一个人感到忧虑时，他会不由自主地挤压嘴唇。因为大脑在告诉他：闭紧嘴，别让任何东西进入身体里。

5.

丈夫双手一摊，表示知道自己错了

这天晚上，陈婷一直坐在客厅里等丈夫回来。等得她瞌睡连连，她也没把丈夫等回来。实在等不及了，她打通了丈夫的手机，结果，手机铃声就在门外响起。

陈婷怒气冲冲地打开门，劈头盖脸地骂道："你一天到晚就知道赌，这个日子还过不过啦？"

丈夫今天输了，本来一肚子的火，一回到家又受到老婆劈头盖脸的责骂。虽然很生气，但也知道自己理亏。所以，他什么也没说，双手一摊，灰溜溜地逃进了卧室。

陈婷气不打一处来，跑进卧室又大骂了起来。见丈夫不吭声，她一边哭，一边给自己的好友打起了电话。

"你说，我怎么这么倒霉呀？我怎么就嫁了一个赌鬼呢？"

陈婷的好友听了她一番哭诉，总算明白是怎么一回事了，便在电话里耐心地问道："你这样责备他时，他什么表现啊？"

"什么也不说，双手一摊，灰溜溜地逃进了卧室。"

"双手一摊？"

"是啊，除此以外，啥也不说，真是气死人了。"

"我的傻丫头呀，你怎么能说你老公啥也没说呢，他双手一摊，以手心示你，就表示已经承认错误，并向你妥协了。只是你没有弄明白他这个动作的意义，一再步步紧逼，结果弄巧成拙。男人的逆反心理很强，也许你以后不再责备他，情况就会改变。"陈婷听后恍然大悟。

在现实生活中，我们经常见到手心向上的动作，比如，礼仪小姐在指引路线时，就会用手心向上的动作指明方向。这是一种表达善意的手势，也表示服从和妥协。

在婚姻中，当丈夫遭到妻子的责骂时，虽然不直接认错，但通常会双手一摊，表示“已经这样了”。他做出这个姿势既表明自己承认了错误，又有一种妥协的意味，不希望妻子再责备他。然而，很多妻子并不能读懂丈夫的肢体语言，一味地责备丈夫，咄咄逼人。结果，适得其反。

事例中的陈婷就是因为不懂丈夫双手一摊这个动作背后所隐藏的含义，而一味地责备他，结果让丈夫躲进了卧室里，而陈婷依然不知，觉得特别委屈。其实，丈夫双手一摊就表明他已经知道错了，并要求妥协。但遗憾的是，陈婷并不知晓这一动作背后隐藏的含义，步步紧逼，还哭哭啼啼地向好友打电话倾诉。在好友的开导下，她终于弄清楚了丈夫双手一摊这个动作背后所隐藏的无声语言。

男人一般都比较好面子，即使自己错了，也不会主动承认错误。如果妻子能读懂他的肢体语言，那么就能知道他心里已经认错，没必要再过多责备他了。

值得注意的是，手心的展现方式不一样，表达的意义也不一样，比如，一个人举起一只手并以手心示人，表明自己想要发言，或者想引起对方注意；领导隐藏手心或手心向下代表着一种权威性，如果他对下属摆出手心朝下的手势，下属立即就能感觉到他的控制欲。所以，我们不能一概而论，要具体问题具体分析。

夫妻之间称呼变化背后的含义

袁小凤与丈夫林宁谈恋爱两年，结婚一年，自从开始谈恋爱后，林宁就一直称呼袁小凤为“宝贝”。然而，随着女儿的出生，袁小凤明显感觉到丈夫对她的态度变了，尤其是有一次因为给女儿喂奶的事吵了架后，丈夫林宁不再叫她“宝贝”，而是直接称“小凤”。

一直习惯丈夫称自己为“宝贝”的袁小凤对此闷闷不乐，好几次都想问问丈夫为什么改变了称呼，可是，她始终没有问出口。

转眼几个月过去了，这事一直憋在自己心里。终于在一次恩爱后，袁小凤躺在丈夫怀里问道：“你为什么不叫我‘宝贝’了，反而改口叫‘小凤’呢？”

丈夫摸着她的头说：“现在我们的女儿来了，我首先得区分一下称呼，如果我再叫你‘宝贝’，那就不能叫我们的女儿‘宝贝’了，你不是也称女儿为‘宝贝’吗？第二，我觉得你现在不仅是一个妻子，还是一个妈妈。”

丈夫的一席话让袁小凤如梦初醒，是啊！女儿的到来已经意味着他是爸爸，自己是妈妈，不管是在家庭中，还是在抚养孩子方面，他们彼此都有一样的责任与任务，自己再也不是以前的小女孩，而应该成长为一名母亲，不能再像以前那样依赖丈夫，而丈夫也不会再像从前那样，把她当作孩子一样疼爱。

从那以后，袁小凤试着接受丈夫新的称呼，鼓励自己像木棉树一样站在丈夫的身旁，与他肩并肩地为女儿撑起一片明媚的天空。

在生活中，我们常常要称呼不同的人。比如，我们见到不认识的男人，我们会称呼对方为“先生”，我们见到不认识的女人，我们会称呼对方为“女士”或者“小姐”；已婚妇女在向别人提起自己的丈夫时，有的说“我们家的那个”，有的说“我丈夫”，有的说“我先生”，有的说“孩子他爸”，有的直呼先生的名字等。

在职场中，各行各业也有自己不同的称呼：比如，在学校里，我们称呼老师为某某老师；在公司里，我们会称呼老板为“总裁”；在医院里，我们称呼医生为大夫……总之，称呼无处不在。

大家可别小看了这些“称呼”，我们可以从日常的称呼推测出双方心理上的距离。比如，相处很久的同事仍然以“先生”来称呼对方，那就说明他们的心里还有一定的距离，比较疏远；如果认识之初称呼“先生”，随着越来越熟悉，称呼慢慢演变为“小 ×”，比如“小李”或者“小王”，这就表示他们的关系越走越近，说话也越来越随便，亲近感逐步加深。

同理，我们也可以从称呼来看夫妇间的亲密程度。现在这个开放的时代，很多年轻丈夫在新婚初期都会私下里称妻子为心肝宝贝，在外面对别人介绍“我爱人”“我老婆”等。这些亲昵的称呼显示着两个人的亲密关系，然而，随着彼此角色的不断演变，夫妻对彼此的称呼也会悄无声息地发生变化，关系也会从之前的亲密无间，慢慢转化为对等的关系，既互相依赖又彼此独立。

就如上述事例中的袁小凤，当她从一名妻子上升为一名母亲时，丈夫意识到了她角色的升级，便将称呼“宝贝”改为“小凤”，袁小凤面对丈夫称呼的改变，从不理解到理解，也意味着自身的成长。在家庭里，当孩子到来时，夫妻彼此都会分很多心思去照看孩子，彼此的关系难免会疏远一些，但很多妻子却不理解，仍然沉浸在丈夫之前的亲密无间中。所幸的是，丈夫的一番话让袁小凤幡然醒悟。所以，在夫妻关系中，我们既要注意对方对我们的称呼，又要做到及时沟通，这样才能及时消除误会。

称呼反映着人与人的关系。我们可以从彼此的称呼中来看待彼此的关系，但反过来说，如果你想亲近对方，不妨不露痕迹地稍稍改变一下称呼，这样一来二去，慢慢就加深了亲近感，从而不断地缩短彼此的心理距离。